AF178947

Carl-Auer

Andreas Kannicht · Bernd Schmid

Einführung in systemische Konzepte der Selbststeuerung

Zweite Auflage, 2022

Umschlaggestaltung: Uwe Göbel
Satz: Verlagsservice Hegele, Heiligkreuzsteinach
Printed in Germany
Druck und Bindung: CPI books GmbH, Leck

Zweite Auflage, 2022
ISBN 978-3-8497-0055-3 (Printausgabe)
ISBN 978-3-8497-8361-7 (ePub)
© 2015, 2022 Carl-Auer-Systeme Verlag
und Verlagsbuchhandlung GmbH, Heidelberg
Alle Rechte vorbehalten

Bibliografische Information der Deutschen Nationalbibliothek:
Die Deutsche Nationalbibliothek verzeichnet diese Publikation
in der Deutschen Nationalbibliografie; detaillierte bibliografische
Daten sind im Internet über http://dnb.d-nb.de abrufbar.

Informationen zu unserem gesamten Programm, unseren Autoren
und zum Verlag finden Sie unter: https://www.carl-auer.de/.
Dort können Sie auch unseren Newsletter abonnieren.

Carl-Auer Verlag GmbH
Vangerowstraße 14 • 69115 Heidelberg
Tel. +49 6221 6438-0 • Fax +49 6221 6438-22
info@carl-auer.de

Inhalt

1 Einführung

1.1 Steuerung und Selbststeuerung

Dieses Buch handelt von der Steuerung in Beratungen. Dabei könnte man zunächst an Klienten und Beratungsprozesse denken. Doch aus systemischer Perspektive bedeutet Steuerung zuallererst Selbststeuerung des Beraters. Denn sie gestaltet Beratungswirklichkeiten entscheidend mit.

Was ist mit Steuerung gemeint? Von denjenigen, die sich mit dem systemischen Ansatz beschäftigen, kommen die meisten zunächst mit einer Vielzahl von »systemischen« Techniken in Berührung. Wir lernen interessante Fragetechniken kennen, allen voran das zirkuläre Fragen (»Was glauben Sie, welche Beweggründe Ihr Kollege Ihnen unterstellt?«) und lösungsorientierte Fragen (»Wie würde eine gelungene Zusammenarbeit zwischen Ihnen aussehen?«), die positive Konnotation (»Dieses Zögern kann Sie auch vor überstürztem Engagement bewahren!«), das Arbeiten mit den inneren Anteilen (»Gibt es Seiten in Ihnen, die dem Plan widersprechen wollen?«), hypothetische Fragen (»Angenommen, Sie würden so vorgehen, wie wäre dann Ihre Situation in zwei Jahren?«), die Interventionstechniken und vieles mehr.

Ausgestattet mit solchen Fertigkeiten, verfügen wir über einen reichhaltigen Werkzeugkasten, um mit Klienten zu arbeiten. Damit ist allerdings die Frage nicht beantwortet, wann wir welche Technik einsetzen. Diese Frage klärt sich nicht aus der Technik selbst. Hierzu bedarf es orientierungsgebender Betrachtungen von einer übergeordneten Warte aus. Wann könnte welche Technik Sinn haben? Welche Themen könnten bei einem Klienten relevanter sein als andere? Welche Themen hat er nicht im Blick, obwohl sie für die Lösungsfindung relevant sein könnten? Genau mit dieser Ebene beschäftigen sich die Steuerungskonzepte dieses Buches. Es geht somit nicht um Verfeinerung technischen Vorgehens, sondern um die dahinter stehenden Fragen. Wie kann ein Berater mit einem Klienten einen sinngebenden Dialog erzeugen, der für den Klienten einen Unterschied darstellt: zu seinem bisherigen Selbstverständnis, zur gewohnheitsmäßig erzählten Geschichte seines Lebens, zu den bisherigen Wirklichkeitskonstruktionen und seinen Handlungsoptionen? Hierzu ein Beispiel:

> Ein Klient kommt mit der Aussage, er sei ängstlich und habe das Ziel, sein Leben selbstbewusster anzupacken. Als Systemiker werden wir uns zunächst kundig machen, was er unter ängstlich versteht, worin sich dies zeigt und welche Vorstellungen er mitbringt, wie er sein Leben gestalten würde, wenn er selbstbewusster wäre, vielleicht auch, wo es ihm in Ansätzen bereits gelingt.

Wir entfalten somit den Kosmos der Wirklichkeiten des Klienten. Möglicherweise findet der Klient bereits durch unser sorgfältiges Fragen Impulse und Anregungen, bestimmte Aspekte näher und aus anderem Blickwinkel zu betrachten. Dann kann der Berater solchen Pfaden folgen. Aber nicht zwangsläufig führt jeder vom Klienten selbst gefundene Weg zum Ziel. Wenn nicht, helfen Steuerungskonzepte: Welche Fragestellungen gäbe es mit welchen Alternativen noch, die bei Bedarf aufgegriffen werden könnten? Nicht jede dem Klienten und dem Berater zunächst sinngebend erscheinende Hypothese muss relevant sein. So stellt sich der Beratungsprozess als ein Weg mit vielen Ausgangspunkten, Horizonten und Weggabelungen dar.

Traditionellerweise werden im systemischen Feld beispielsweise der lösungsfokussierte Ansatz nach de Shazer und Berg (vgl. de Shazer 1989), das Mailänder Modell nach Selvini Palazzoli, Boscolo, Cecchin und Prata (1977), der klassische familientherapeutische Ansatz nach McGoldrick, Gerson und Petry (1990) und die Aufstellungsarbeit (Weber 1993) unterschieden. Diese unterschiedlichen Strömungen und dazugehörenden Methoden stehen oft unverbunden nebeneinander oder werden in Richtungsstreitigkeiten als widersprüchlich gegeneinandergestellt. Mit dem Selbststeuerungskonzept können sie verbunden werden und erscheinen als sich ergänzende Ansätze, die aus jeweils unterschiedlichen Perspektiven auf die Welt des Klienten und der Beratung blicken.

Steuerungskonzepte helfen also, die notwendige Vielfalt zu sichern. Herausfordernde Situationen können aber auch entstehen, wenn Vielfalt zum Problem wird. Es ist vielleicht in einer Beratung schon eine zu hohe Komplexität entstanden. Klient und Berater fragen sich, wie es nun angesichts der vielen benannten Aspekte weitergehen könnte. Auch für solche Situationen stellen die Steuerungskonzepte eine Hilfe dar, da sie mögliche Fokussierungen erhellen, aus denen der Berater auswählen kann. Oder er stellt solche dem Klienten zur Verfügung, damit dieser entscheiden kann. Ob ein Berater die Auswahl von Fokussierungen selbst trifft oder den Klienten entscheiden lässt, ist übrigens seinerseits ein Vorgang der Selbststeuerung des Beraters.

Was wären nun unterschiedliche Perspektiven auf die Ängstlichkeit des Klienten?

Der Berater könnte beispielsweise darauf fokussieren, wie der Klient die Menschen, mit denen er in Kontakt ist, dazu einlädt, ihn als ängstlich zu erleben, und wie sie wiederum bei ihm auslösen, sich ängstlich zu verhalten. Es würde sich die Frage anschließen können, welche Funktion er in seiner Ängstlichkeit sieht und welchen Nutzen seine Ängstlichkeit aus der Sicht der anderen haben könnte. Welche Neuanpassungen stünden für alle an, wenn diese Ängstlichkeit verflöge? Wäre dies gewollt? Welche Herausforderungen für die Beteiligten, aber auch für die Umwelt würden folgen?

Eine ganz andere Fokussierungsebene würde sich ergeben, wenn wir nach den biografischen Zusammenhängen fragen. In welchen Zusammenhängen hat er gelernt, mit Ängstlichkeit zu reagieren? Sind die Umstände des heutigen Auftretens ähnlich? Inwiefern war Ängstlichkeit sinnvoll? Wurde Ängstlichkeit zur Antwort auf bestimmte Lebensherausforderungen? Inwiefern war dies eine Hilfe? Ist diese Lösungsidee für den Klienten auch heute noch zieldienlich?

Eine dritte Perspektive könnte sich auf die bisherigen Versuche des Klienten richten, sein Verhalten zu ändern. Was hat er bisher unternommen, seine Ängstlichkeit loszuwerden, sie durch andere Modi zu ersetzen? Wann, wo und in welchen Zusammenhängen ist es ihm bereits gelungen, etwas mutiger zu sein als sonst, und wie hat er dies erreicht?

Dies sind nur drei von vielen Fokusebenen, die man für die nähere Beschreibung von und den Umgang mit Ängstlichkeit wählen kann.

Da man nie alle Wege gehen kann, muss immer irgendwie entschieden werden, wo und wie man anfängt, welche man wie weit verfolgt, welche man wieder verlässt, um ganz andere oder naheliegende bessere zu wählen. Dabei weiß man letztlich nie, welche Wege weiterführen und wie lange es Sinn ergibt, sie zu gehen. Hier ist man auf Erfahrung und Intuition angewiesen und auf eine Interaktion mit dem Klienten, aufgrund deren bessere Wege von weniger hilfreichen unterschieden werden können. Es kommt dabei weniger auf den besten Start an als auf das schnelle gemeinsame Lernen unterwegs. Salopp gesprochen: Man darf ruhig dumm anfangen. Hauptsache, man lernt schnell dazu.

1.2 Dimensionen systemischen Arbeitens

In diesem Abschnitt geht es um die Einordnung der Steuerungskonzepte in die Entwicklungen im systemischen Feld. Man kann den systemischen Ansatz als eine Verschmelzung von Systemtheorien und den daraus entwickelten Techniken und Haltungen beschreiben. Darauf aufbauend, legen Systemiker besonderen Wert auf den Kontext, in dem eine Beratung bzw. Therapie stattfindet.

1.2.1 Die vier »Klassiker«

Theorie, Technik, Haltung und Kontextsensibilität stellen vier grundlegende Dimensionen dar, mit denen man den systemischen Ansatz charakterisieren kann. Die in diesem Buch beschriebenen

Selbststeuerungskonzepte können als die fünfte Dimension bezeichnet werden.

Die systemische Therapie und Beratung entwickelte sich vor dem Hintergrund theoretischer Paradigmen, die in den 1950er-Jahren entstanden sind und neue Perspektiven auf die Wirklichkeit eröffnet haben. Stichworte für diese Entwicklung sind »Kybernetik« und »Systemtheorie«. Sie war eine interdisziplinäre Bewegung, interessanterweise mit vielen Wissenschaftlern aus naturwissenschaftlichen Bereichen und somit keine originäre Entwicklung im Bereich von Psychotherapie und Beratung. Physiker, Biologen und Ethnologen waren federführend, und erst in der Folge griffen Psychotherapeuten in den USA (Watzlawick, Beavin u. Jackson 1969), in Italien (Selvini Palazzoli et al. 1977) und anschließend auch in Deutschland (Stierlin 1982) die Kybernetik, Systemtheorie und die Theorie der Autopoiese, wenig später auch den radikalen Konstruktivismus und weitere Theoriegebäude wie Chaostheorie und Synergetik auf. Diese Hintergrundtheorien prägen nach wie vor das Denken von systemischen Beratern und Psychotherapeuten.

Um den neuen Perspektiven auf die Wirklichkeit durch neue Zugangsweisen zu entsprechen, musste man im Bereich der Psychotherapie alternative Vorgehensweisen und Techniken entwickeln. So ersannen die systemischen Pioniere Vorgehensweisen, die dem systemisch-zirkulären Wirklichkeitsverständnis entsprachen. Psychische Krankheit bzw. psychische Probleme sollten nicht mehr primär im Kontext der Entstehungsgeschichte innerer Wirklichkeiten, sondern im Kontext der sozialen Systeme, in denen sie entstanden waren und aufrechterhalten wurden, näher untersucht werden. Deshalb wurde das Setting verändert und nicht mehr der »Indexpatient« alleine, sondern gemeinsam mit seiner Familie eingeladen. Spezifische Frage- und Interventionstechniken für die »Familientherapie« entstanden und etablierten sich zunehmend als eigenständige Methodik.

Weitere Methoden des systemischen Vorgehens ermöglichten zunehmend, dass sich systemisches Arbeiten von dem Setting »Familientherapie« abkoppelte. Es bedurfte (durch spezifische

Fragetechniken) nicht mehr unbedingt der realen Anwesenheit der Systemmitglieder, da sie durch hypothetische Fragen auch bei Abwesenheit einbezogen werden konnten. Die systemische Therapie ohne Familie (Weiss 1988) war geboren. Einige dieser neuen Methoden knüpften an psychotherapeutische Konventionen an (z. B. die Arbeit mit Genogrammen), andere entwickelten sich zu einer eigenständigen, innovativen Methode. Das zirkuläre Fragen, die Abschlussintervention, positive Konnotation, Arbeit mit der »inneren Familie« und Arbeit mit dem »Reflecting Team« sind Beispiele.

Zeitgleich wurde deutlich, dass mit diesen neuen Paradigmen und methodischen Vorgehensweisen eine veränderte Haltung der Berater bzw. Therapeuten verbunden war. Neutralität als eine Haltung, die jedem Mitglied des Systems gerecht werden sollte, war ein wichtiger Grundsatz für die Arbeit in dem neuen Setting der Familientherapie. Manche Autoren fanden, dass Vielparteilichkeit und humorvolle Distanz, also eine insgesamt unparteiliche Haltung, sich besser mit Bezogenheit kombinieren ließen. Konstruktivistische Einflüsse brachten systemisch orientierte Praktiker auf die Idee, pathologieorientierte Konzepte infrage zu stellen und nach anderen Sichtweisen Ausschau zu halten. Es wurde als hilfreicher angesehen, Klienten mit einer ihre Kompetenzen hervorhebenden und wertschätzenden Haltung zu begegnen. Neutralität, Ressourcen- und Lösungsorientierung galten anfänglich als typische Haltungen für systemische Theorie und Praxis.

So entstand ein für den systemischen Ansatz charakteristisches Repertoire an Theorien, Techniken und Haltungen. Durch die Übertragung der systemischen Vorgehensweisen in andere als psychotherapeutische Arbeitsfelder nahmen systemische Berater zunehmend verschiedene Kontexte in den Blick, in denen beraterische Gespräche stattfinden. Sie begannen, nicht etwa »nur« die Klienten und deren Kontexte zu beobachten, sondern beobachteten sich jetzt auch selbst. Es machte einen Unterschied, ob der Berater in einer medizinischen Institution arbeitet oder in freier Praxis. Die Frage, wer den Klienten vermittelt hat, kann den gesamten Beratungsprozess entscheidend prägen. Wenn Beratungen in Freiwilligkeit stattfanden, wurden andere Muster und Dynamiken identifiziert als in einem Zwangskontext. Aus diesen Überlegungen ergab sich eine zusätzliche vierte Dimension, mit der sich der systemische Ansatz schnell auf ganz unterschiedliche Arbeitsfelder ausdehnen konnte. Modelle, die unterschiedliche Arbeitsfelder und Arbeitskontexte berücksichtigen, wurden entwickelt. Konzepte und Modelle wie das Auftragskarussell, die Unterscheidung von Besucher-, Klagenden- und Kundendynamiken, der Dreiecksvertrag und die Unterscheidung von Hilfearten sowie von Freiwilligkeit und Zwang standen für diese Perspektive. Die vierte Dimension systemischen Denkens war geboren: die Kontextsensibilität.

1.2.2 Die fünfte Dimension – Steuerung

Um die Gesamtsicht auf die sich weiter und weiter verzweigende systemische Bewegung zu erhalten, benötigen wir noch eine fünfte Dimension. Sie wurde insbesondere vor dem Hintergrund der Übertragung systemischer Konzepte auf den Kontext von Organisationsberatung, Teamentwicklung und Coaching erarbeitet. Schmid (1992) nannte sie »Metakonzepte« bzw. »Selbststeuerungskonzepte«. Sie wurden bislang nur unsystematisch in die systemische Theoriebildung integriert. Dies systematischer anzugehen ist das Anliegen dieses Buches. Zunächst können Metakonzepte für den Praktiker nicht so wichtig oder nicht leicht zugänglich erscheinen, wirken sie doch auf den ersten Blick recht abstrakt. Doch halten wir dem das Bonmot von Kurt Lewin entgegen: »Es gibt nichts Praktischeres als eine gute Theorie!« Steuerungskonzepte haben sich in unzähligen Supervisionen und Falldiskussionen als ordnende Kraft bewährt. Wichtig ist, sich mit ihnen so auseinanderzusetzen, dass sie in die professionelle Intuition übergehen. Am besten nähert man sich dem Verständnis von Steuerungskonzepten daher durch eine Metapher:

Wenn ein Künstler ein Bild malen möchte, braucht er Wissen über Techniken. Wie geht man mit dem Pinsel um? Welche Farben (Aquarell, Öl, Acryl ...) gibt es, und wie wende ich sie an? Welche Untergründe muss man wie bearbeiten? Wie erzeuge ich Licht und Schatten? Wie teile ich ein Bild auf, welche Ausschnitte wähle ich ...? Aber alle diese Fertigkeiten machen ihn noch nicht zum Künstler. Wenn er zusätzlich Wissen über Kunstgeschichte hat, über Kulturepochen und Stilrichtungen, hilft ihm dies auf seinem Weg. Aber auch dies gibt ihm keine Orientierung, wenn er vor der weißen Leinwand steht. Gut ist es, wenn er sich auf das Malen einstimmt, sich sammelt, nicht aus der Hektik des Alltags oder mit den Gedanken an den nächsten Hausputz an die Arbeit macht. Aber wie soll er nun anfangen, welche Farbe, welches Motiv, welche Technik einsetzen? Zu groß ist die Anzahl der Möglichkeiten, und mit dem ersten Strich sind schon Vorgaben gesetzt. Was er zusätzlich benötigt, ist eine Idee von dem, was er ausdrücken möchte, und die Bereitschaft, sich dann von dem Prozess des künstlerischen Gestaltens leiten zu lassen. Diese innere Suche nach dem Motiv und nach der damit zusammenhängenden sinnvoll auszuwählenden Technik, dieses Erspüren dessen, welche Striche Sinn erzeugen und welche übermalt werden sollten, dieses Fokussieren und Wiederloslassen von Fokussierungen – das kann als Selbststeuerung verstanden werden.

Übertragen wir diese Metapher auf den beraterischen Prozess, so wird deutlich, dass wir als systemische Berater gut daran tun, die Techniken zu erlernen und zu üben. Wir werden auch sicherer, wenn wir nützliche Haltungen dem Klienten gegenüber einnehmen. Und wir profitieren davon, wenn wir uns kundig gemacht haben, wie Systemtheorie Wirklichkeitsphänomene als rekursiv und kontextbezogen begreift, wie der radikale Konstruktivismus von Perspektivenvielfalt ausgeht, wie das Anerkennen der Eigengesetzlichkeit lebender Systeme die Möglichkeit von instruktiver Interaktion infrage stellt. Dies alles hilft mir als Berater, und doch stellt sich die Frage, wann ich welche Technik einsetze, wann welche der Haltungen, wann welche der vielen möglichen Wirklichkeitskonstruktionen nützlich sind. An dieser Frage setzen die Steuerungskonzepte an. Bateson sagte, die Kategorie »Stuhl« sei kein weiterer Stuhl. Techniken geben Orientierung im praktischen Vorgehen, erklären aber nicht aus sich heraus, wann ihr Einsatz sinnvoll ist. Um die Frage zu entscheiden, wann ich welche Technik einsetze, brauche ich Konzepte auf einer logisch nächsthöheren Stufe.

Insofern bieten Steuerungskonzepte keine weiteren Techniken, sondern sie sind Metakonzepte für das Navigieren in komplexen Beratungsprozessen. Sie sind abstrakt, da sie nicht beantworten, wie ich in der Beratung konkret vorgehe. Sie helfen aber, die Frage zu beantworten, welche Wirklichkeitsbeschreibungen und Techniken wann sinnvoll eingesetzt werden können. Zugleich verdeutlichen sie, welche Wirklichkeitsvorstellungen mit welcher Technik implizit eingeführt werden und welche Konsequenzen dies haben kann. Sie können Orientierung anbieten angesichts der überwältigenden Komplexität und Möglichkeiten, die sich in Beratungsprozessen ergeben. So helfen sie, einerseits Komplexität zu reduzieren, wo wir in Orientierungslosigkeit versinken würden, und andererseits Komplexität in Situationen zu erhöhen, in denen wir sonst Scheuklappen aufhätten. Deshalb beinhalten viele dieser Konzepte eine Auswahl von Perspektiven. Welche Perspektive nehme ich gerade ein? Habe ich überhaupt eine Perspektive? Welche anderen Perspektiven könnte es noch geben? Welche der möglichen Perspektiven koppelt bei dem Klienten an? Welche ergibt für mich als Berater am meisten Sinn? Habe ich gewohnheitsmäßige Perspektiven, bei denen ich typischerweise lande? Wie kann ich sie wieder verlassen?

In diesem Buch wird eine Vielzahl solcher Metakonzepte beschrieben. Diese Konzepte nähren schöpferische Beraterkraft auf sinnvolle, rationale Art. Sie sollen aber nicht eine zweite Quelle unserer schöpferischen Beraterkraft, die kreative Inspiration, vergessen machen. Deshalb fügen wir zunächst einen Abschnitt über Intuition an. Die Kraft der Intuition wird im Verständnis der Steuerungskonzepte gleichsam als Pendant zur Kraft der rationalen Metatheorie verstanden. Erspüren und Denken sind in diesem Konzept kein Widerspruch, sondern hilfreiche Ergänzungen.

1.3 Intuition und Selbststeuerung

Jeder Klient ruft durch seine Selbstpräsentation und durch die von ihm erzählte Geschichte zwangsläufig innere Bilder beim Berater hervor. Genau genommen, können wir Wirklichkeiten von Klienten gar nicht getrennt, sondern nur in Vermengung mit unseren eigenen Wirklichkeitsbildern wahrnehmen: eine Mischung aus Wahrnehmung und »Wahrgebung«, wie dies Gunther Schmidt ausdrückt. Die Wirklichkeitsbilder des Beraters wecken oft unbemerkt bestimmte Perspektiven, mit denen er dann auf die Beratung schaut. Aber auch vorgegebene, vielleicht gewohnheitsmäßige Perspektiven rufen unbemerkt die zu ihnen passenden inneren Bilder aller Beteiligten auf den Plan. Daher ist wichtig, sich innerer Bilder und gerade aktiver Perspektiven bewusst zu werden.

In der Beratung zu einem Führungskonflikt zeigt sich der Vorgesetzte recht engagiert, aber auch rigide, während der Mitarbeiter sich einerseits um Erfüllung der Aufträge bemüht, andererseits auch merkwürdig vermeidend wirkt. Spontan entsteht eine Beratungswirklichkeit, die sich um Klärung unterschwelliger Motivationen in dieser Beziehung dreht. Der Berater ist auf Beziehungsaufrichtigkeit, gegenseitige Würdigung sowie auf Klarheit in der Sache und auf Ausgleich bedacht.

Im Hintergrund solcher Bildercollagen wirken persönliche Erfahrungen des Beraters in allen Lebensbereichen und aus allen Zeiten, die durch die aktuelle Situation irgendwie zum Schwingen kommen. Zum Teil berühren sie nicht in Sprache präsente Erfahrungen, lösen aber als Reaktionen Vermutungen, Bewertungen, Reaktionsweisen und Lösungsversuche aus. Zum anderen Teil wecken berufliche Erfahrung und durch Schulung geprägte Bilder Vorstellungen von Diagnosen, Zusammenhängen und Vorgehensweisen. Solche benennbaren Wirklichkeitsbilder, aber auch letztlich im Dunkeln bleibende fließen in die Selbststeuerung unmittelbar ein. Das ist der enorme Vorteil von Intuitionen. Ohne dass wir genau wissen müssen, wie, greifen sie auf die Fülle der Lebenserfahrung zu, integrieren blitzschnell Eindrücke auf den verschiedensten Ebenen zu einem Bild und einem Selbststeuerungsimpuls und setzen diesen Impuls unmittelbar in Handlung um. Sind es kreative und durch berufliche Umsicht geläuterte Intuitionen, kann sich der Berater von ihnen leiten lassen und muss sich gewissermaßen nur selbst supervidieren, damit er nicht auf Abwege gerät. Die Zusammenhänge von Intuition und Professionalität sind an anderem Ort ausführlich dargestellt (Schmid u. Gérard 2008).

Im obigen Fallbeispiel (Führungskonflikt) hat vielleicht der Berater selbst engagierte Beziehungen zwischen Männern erlebt. Besonders bei wachsender Autonomie kam es in seiner Lebenserfahrung zu unausgesprochenen Widerständen der Jüngeren und Sorge um Autoritäts- und Beziehungsverlust bei den Älteren. Ob sich die Beziehungen gut entwickelten oder nicht, hing in diesem Milieu davon ab, ob offene Aussprache, Abgrenzung und Ausgleich wechselseitiger Erwartungen bei gegenseitiger Würdigung gelangen.

Intuitiv kann für den Berater sehr schnell eine Überzeugung entstehen, mit welcher Wirklichkeit er es zu tun hat und wie mit ihr umzugehen wäre. Teilen Klienten und Berater diese entstehende Wirklichkeit, können sie sie gemeinschaftlich weiter entfalten und sich wechselseitig koordiniert steuern.

Führungskraft und Mitarbeiter zögern zunächst, nach unausgesprochenen Motiven und Beziehungsfragen Ausschau zu halten, lassen sich aber zunehmend darauf ein, zumal sie merken, dass dies sie entlastet und ihre Beziehung entspannt.

Intuition leistet also Komplexitätsreduktion und sofortige koordinierte Steuerung. Allerdings bleibt die Frage, ob die entstehende Wirklichkeit geeignet ist, die Wirklichkeiten außerhalb der Beratung sinnvoll zu repräsentieren, und ob mit ihr das wirkliche Leben sinnvoller und wirkungsvoller gestaltet werden kann. Nicht alle in Schwingung kommenden Bilder und die Reaktionen darauf und nicht alle gelernten beruflichen Schemata liefern im Einzelfall einen angemessenen Beitrag zur Wirklichkeit der Klienten. Daher ist es wiederum wichtig, diese Bilder von einem Metastandpunkt aus zu befragen. Sonst erliegt man leicht ihrer Verführung. Irgendetwas gemeinsam Plausibles und Berührendes ist mit etwas Geschick immer herzustellen, doch sollte geklärt werden, ob die entstehende Beratungswirklichkeit dem Anliegen und den Verantwortungen, den Kontexten und Entwicklungen und der Lebenswirklichkeit der Klienten gerecht wird. Intuitionen können für die aktuelle Begegnung auch falsch oder unwesentlich sein, müssen also geläutert und auf professionelle Belange ausgerichtet werden.

Urteilsfähigkeit bildende professionelle Metaloge geschehen in Supervisionen und werden in Weiterbildungen zur guten Gewohnheit. Und es helfen Steuerungsmodelle, die möglichst wenig bestimmten Schulen und ihren Welt- und Menschenbildern verpflichtet sind, hilfreiche Metafragen zu stellen.

Im obigen Fallbeispiel könnte der Berater unter einer ergänzenden Perspektive danach fragen, wann und in welchem Zusammenhang der geschäftlichen Entwicklung dieser »Ablösungskonflikt« entstanden ist und ob beide in anderen beruflichen Beziehungskontexten ähnliche Dynamiken kennen. Vielleicht machen sich beide nicht klar, dass die Aufgaben des Mitarbeiters durch eine schwierige Kundenbeziehung zunehmend dilemmahaft geworden sind. Damit würde sich eine neue Perspektive auftun, die zu ganz anderen Fragen an die Klienten einlädt. Vielleicht ist es in dieser Organisation nicht üblich, sich zunehmende Hilflosigkeit einzugestehen und dies zu kommunizieren, auch wenn man nicht recht weiß, worin die Paradoxien bestehen. Beide müssten dies aber vielleicht tun, um zusammen die Widersprüche zu erkennen und an die Klärung von Aufträgen in den beteiligten Beziehungen gehen zu können. Die eher »privaten« Qualitätsveränderungen der Beziehung, ja sogar der

»Führungskonflikt« sind vielleicht Folge, nicht aber Ursache der Belastungen.

Wie auch immer, hierzu ist der Dialog zwischen bewussten und unbewussten inneren Bildern, innerhalb der Person und zwischen den Personen wichtig. Die Arbeit mit inneren Bildern als Übung in diesem Dialog und als Methodik für Organisationen ist an anderem Ort dargestellt (Schmid 2004b). Je mehr sich Berater und Klienten der ihrem Zusammenwirken zugrunde liegenden Wirklichkeitsbilder bewusst werden und sich darüber austauschen, umso größer ist die Chance, über Zufallsplausibilitäten oder professionelle Schablonen hinauszukommen. Weiterbildungen und Beratungen, die solchen spontan aufsteigenden Bildern Beachtung schenken, werden einem vielschichtigen und positiv kritischen Umgang mit Wirklichkeitserzeugung eher gerecht. Diesem Dialog Aufmerksamkeit in der Beratung wie auch sonst im Leben und bei der Arbeit zu schenken bereichert und fördert effektives professionelles Arbeiten mit Intuition.

1.4 Steuerungskonzepte und Methoden

Steuerungskonzepte stellen Modelle zur Verfügung, die sich mit unterschiedlichen Perspektiven bzw. Fokussierungsebenen beschäftigen. Sie geben dem Berater Orientierung, welcher Ausschnitt von Wirklichkeit gerade in den Vordergrund gerät, und ermöglichen es ihm, bewusst zu entscheiden, statt zufälligen oder gewohnheitsmäßigen Vorgehensweisen zu folgen. Es sind Konzepte, die jenseits aktueller Plausibilität wach dafür halten, welche Fokussierungen möglich und für den Kontext angemessen sind, und helfen, aus ihnen einen möglichst sinnstiftenden Fokus zu wählen. Erst aus der bewusst gewählten Perspektive ergeben sich geläuterte Entscheidungen in Bezug darauf, welche Methoden gewählt werden. Insofern sind Steuerungskonzepte den Methoden übergeordnet. Oder, andersherum formuliert: Wähle ich eine bestimmte Methode bzw. Technik aus, habe ich implizit bereits eine Entscheidung über Steuerungskonzepte getroffen, oft ohne dass ich mir dessen bewusst bin. Die Kenntnis von Selbststeuerungskonzepten soll dem Berater helfen, diesen Entscheidungsprozess möglichst bewusst zu gestalten.

Professionelle nähern sich neuen Konzepten meist dadurch, dass sie Methoden kennenlernen, die sie faszinieren, wie beispielsweise das zirkuläre Fragen im systemischen Feld. Dann übernehmen sie zunächst einfach die Methodik, ohne sich recht klar über die darin waltende Logik zu sein. So werden über die Methode – das Tool – implizit eine Betrachtungsweise, ein Weltbild sowie Problem- und Lösungsverständnisse transportiert. So »blind« anzufangen ist oft am einfachsten. Doch bliebe die professionelle Handlungsfähigkeit begrenzt, würde man nicht nach und nach erhellen, welche Steuerungsprinzipien, basierend auf welcher Wirklichkeitslogik, mit der Methode zur Geltung kommen. Dieses implizit entstehende Weltbild bleibt ja nicht auf den Berater beschränkt. Mit den Methoden wird auch dem Klienten implizit ein Weltbild nahegelegt, das möglicherweise einseitig ist oder aus anderen Gründen nicht zu seinen Wirklichkeiten passt. Will man sich auf Augenhöhe verantwortlich über diesen implizierten Teil der Dienstleistung »Einführung oder Hervorhebung eines Welt- und Menschenbildes« verständigen, wäre eine gelegentliche explizite Abklärung mit dem Klienten angezeigt, ob dieser »Kulturimport« wirklich in seine Welt passt. Welchen Platz könnte er dort einnehmen, und wie ist er mit den anderen dort wichtigen Steuerungsgesichtspunkten und Verantwortlichkeiten zu vereinbaren?

Daher ist es wichtig, im Bewusstsein zu halten, dass jede Methode Ausdruck einer Betrachtungsweise ihres Erfinders ist, geboren aus bestimmten gesellschaftlichen und beruflichen Kontexten. Methoden und Konzepte konservieren diese Betrachtungsweise mit dem Vorteil, dass die Erfindervariante in ihrer Komplexität über ein methodisches Vorgehen adoptiert werden kann, und mit dem Nachteil der Unsicherheit, ob die Variante auf neue Situationen passt.

Eric Berne, der Begründer der Transaktionsanalyse, hat daher mit seinen Schülern immer geübt, die Implikationen zu explizieren, indem er fragte: Wofür ist dieses Konzept, dieses Vorgehen ein Beispiel? Im Falle des zirkulären Fragens könnte eine Antwort lauten: Es steht für die Vorstellung, dass es wichtig sein kann, über den inneren Zirkel der Selbstbefragung hinauszukommen und Informationen darüber zu erhalten, wie andere von außen auf die Situation blicken. Und es wird als wichtig erachtet, welche Auswirkungen die Sicht Dritter auf die Wirklichkeit und Beziehungsgestaltung des Klienten hat. Zirkuläres Fragen ist dann hilfreich, wenn bei dem Klienten die Perspektive der Beziehungswirklichkeit zu kurz kommt und Beziehungskompetenz durch Abgleich mit dieser Wirklichkeit verbessert werden sollte. Für eine Kommunikationskultur, in der die wechselseitige Orientierung ohnehin überbetont ist und eine ergänzende Orientierung an den inneren Wirklichkeiten untergewichtet ist, wären andere Fragearten vermutlich eher hilfreich.

Um es in einer Metapher zu sagen: Für angehende Köche, die sich neue Gerichte und eine neue Art des Kochens erschließen wollen, mag es erfolgreich sein, sich zunächst an Kochrezepte zu halten. Damit kann schnell etwas auf den Tisch kommen und festgestellt werden, ob diese Art von Küche interessant sein könnte. Sieht ein Rezept Öl zum Anbraten und am Ende die Zugabe von Zitrone und Preiselbeeren vor, kann man das Rezept nicht realisieren, wenn man die Zutaten nicht verfügbar hat. Es sei denn, man hat verstanden, dass das Öl in diesem Fall nicht als Geschmacksträger, sondern als Hitzetransporteur gebraucht wird oder dass es bei Zitrone und Preiselbeeren um eine süßsaure Geschmacksnote geht. Sind die Funktionen klar, kann man Öl durch Wasser mit Butter ersetzen und für die süßsaure Kombination auf andere Geschmacksträger wie etwa Balsamicoessig mit Quittengelee ausweichen. Oder man entscheidet sich für eine andere Zubereitungsart oder Geschmacksvariante, die unter den gegebenen Umständen möglich ist und doch dem Geist jener Zubereitungsart am nächsten kommt. Wer aus der Zubereitung von Steaks etwas über Fleisch und Garen gelernt hat, kann zur Not ein in geeigneter Folie verschlossenes Steak in der Spülmaschine perfekt garen.

Gute Köche starten oft mit vorgegebenen Rezepten, verstehen zunehmend die ihnen innewohnende Küchenkultur und die dafür notwendigen Eigenschaften von Zutaten und entwickeln dann ihre eigenen Kreationen. Die legen sie als Kochrezepte in Kochbüchern nieder, weil niemand kochen lernen kann, wenn man ihm lediglich abstrakt alle wichtigen innewohnenden Prinzipien erklärt. Dann beginnt der Kreislauf von vorne.

Bleibt es bei einer Ansammlung von Methoden – über deren Implikationen und Konsequenzen sich der Berater selbst nicht recht im Klaren ist –, können eine Aufklärung des Klienten und ein Abgleich, ob er diese angebotene Wirklichkeit adoptieren will, nicht verantwortlich stattfinden. Definiert sich ein Professioneller gar über wenige Konzepte oder Methoden, muss er jeden Klienten an diese Welt anpassen, nach dem bekannten Bonmot: »Wer nur einen Hammer hat, für den besteht die Welt nur aus Nägeln.« Geläuterte Professionelle belasten ihre Klienten nur gezielt und zweckdienlich mit solchen »Kulturexporten«, um in der Wirklichkeit des Klienten wesentliche Unterschiede zu machen. Ansonsten machen sie sich deren Wirklichkeit zunutze und wirken wie ein Ferment, ohne dass das Ergebnis nach ihm schmeckt.

Wenn im Folgenden von Steuerungskonzepten erster und höherer Ordnungen die Rede ist, folgt diese Einteilung weniger einer klaren Unterscheidung von logischen Ebenen. Vielmehr sollen dadurch eher pragmatisch unterschiedliche Abstraktionshöhen markiert werden. Je höher die Ordnung, desto weiter weg bewegen wir uns von konkreter Verhaltenssteuerung und umso mehr haben wir den Überblick übers Ganze. Mithilfe der Steuerungskonzepte höchster Ordnung werden grundsätzliche Wirklichkeitsbetrachtungen und Herangehensweisen bestimmt. Entsprechend werden die dafür geeigneten Steuerungskonzepte niederer Ordnung zur Spezifizierung ausgewählt. Diesen folgend, realisieren wir das konkrete Verhalten in der Situation entsprechend Steuerungskonzepten erster Ordnung.

1.5 Steuerungskonzepte erster Ordnung

Steuerungskonzepte erster Ordnung organisieren in der Regel die tägliche Praxis und konkrete Herangehensweisen. Fragestellungen von Klienten in spezifischen Praxisbereichen (z. B. Lebensberatung, Coaching, Teamentwicklung, Organisationsentwicklung) werden von Beratern mit einem Repertoire an geläufigen Verständnissen und Vorgehensweisen angegangen, unabhängig davon, ob sie als Praktiker das dahinter stehende Konzept theoretisch erklären und die angewandte Methodik entsprechend begründen können oder nicht.

Fragt jemand gewohnheitsmäßig danach, wie und wann sich die vom Klienten benannte »Depression« zeigt, verweist dies z. B. auf das Konzept, sich nicht mit den Etiketten der Klienten zufriedenzugeben, sondern konkrete Beschreibungen zu erfragen, damit man sich selbst ein Bild machen kann. Wird dann nachgefragt, unter welchen Umständen dieses »depressiv« genannte Verhalten und Erleben auftritt, was es verstärkt und was es mindert, welche beeinflussbaren Faktoren dazu beitragen, dann steckt darin das Konzept, dass Kontexte wichtig sind und dass Veränderungen möglich, vielleicht sogar vom Klienten steuerbar sind. Fragt jemand nach den Beziehungswirkungen und ihren Folgen, dann aktiviert er ein Verständnis von Depression als Beziehungsverhalten, fragt jemand nach Schlafverhalten oder Nahrungsgewohnheiten, dann aktiviert er ein eher biologisches Verständnis und dazu bekannte Erkenntnisse. Arbeitet ein Berater mit einer Mehrstuhltechnik und Persönlichkeitsanteilen, die auf mehrere Stühle verteilt sind, dann stellt er Depression in den Zusammenhang interner Dialoge.

Varianten dieser Art gibt es unendlich viele. Sie werden über die Wahl von Gesprächstechniken, Settings, Ablaufritualen, Einbeziehung von Umständen und anderen Personen implizit definiert. Dies gilt auch für gewohnheitsmäßig fokussierte Persönlichkeitsdimensionen, Arbeitsebenen, private, professionelle oder organisationale Bezüge. Dabei sind im Beipack vielerlei implizite Definitionen gewollt oder ungewollt, bewusst oder unbewusst enthalten. Die Metapher hierzu ist z. B. die Beleuchtung eines Gegenstandes: Je nachdem, welche Scheinwerfer wir wie aufstellen, um ihn zu beleuchten, erscheint er auf ganz unterschiedliche Weise. Perspektiven, die in den Steuerungskonzepten benannt werden, entsprechen Scheinwerfern, in deren Licht sich die Wirklichkeit des Klienten und die der Beratung darstellen. Die Fokussierung auf Steuerungskonzepte macht wachsam dafür, welche Beleuchtungen uns zur Gewohnheit geworden sind. Stehen dazu Alternativen zur Verfügung, erscheint vieles dann auch in anderem Licht.

Steuerungskonzepte erster Ordnung bieten einen Überblick über solche unterschiedlichen Fokussierungen an und helfen somit dem Berater, seine gewohnheitsmäßigen Vorgehensweisen zu sichten und sein Repertoire auszubauen. Indem sich der Berater mehr Fokussierungsmöglichkeiten bewusst macht, kann er die für die jeweilige Beratungssituation ihm am passendsten und sinnvollsten erscheinende Fokussierung auswählen. Steuerungskonzepte erweitern somit gewohnheitsmäßige Vorgehensweisen um weitere, sonst übersehene Möglichkeiten und helfen dem Berater, über die Auswahl seiner Fokussierungen nachzudenken.

Die Selbststeuerungskonzepte erster Ordnung hier beziehen sich einerseits auf den Einsatz systemischer Methoden (siehe Kap. 2), andererseits auf feldspezifische Betrachtungen (siehe Kap. 3).

1.6 Steuerungskonzepte höherer Ordnung

Steuerungskonzepte höherer Ordnung – Metasteuerungskonzepte – eignen sich zur Auswahl von praxisorientierten Steuerungskonzepten, also solchen erster Ordnung. Wir befinden uns eine oder mehrere Abstraktionsebenen höher und blicken mithilfe dieser Modelle auf die Steuerung des Beraters, der sich in einem komplexen Wirklichkeitsfeld orientiert. Mit welchen praxisorientierten Steuerungskonzepten soll er sich nähern, bzw. wie organisiert er sich bei der Auswahl bestimmter Perspektiven? Konzepte höherer Ordnung beschreiben keine praktischen

Schritte, sondern regen Auswahlprozesse für die Betrachtung von Wirklichkeit und dazu passenden Konzepten und Methoden an. Deshalb nennen wir sie auch Metakonzepte. Je nach gewählten Wirklichkeitsebenen sind mögliche Konzepte und Methoden für die praxisorientierte Selbststeuerung in anderem Licht zu sehen. Indem wir sie als Scheinwerfer gedanklich in unserem Kopf aufstellen, entstehen in uns ganz unterschiedliche Bilder davon, wie wir das jeweilige Problem und die jeweils damit zusammenhängende Lösung des Klienten betrachten können. Es geht um die Konstruktion dessen, wie wir ein Thema benennen, wen wir als Klienten betrachten und wie wir unsere Dienstleistung definieren. Wir sprechen deshalb auch von Designkompetenz des Beraters und meinen damit, den Rahmen und die Voraussetzungen dafür zu schaffen, eine sinnvolle Dienstleistung erbringen zu können. (Auf Steuerungskonzepte höherer Ordnung bezieht sich Kap. 4.)

1.7 Steuerung und lebende Systeme

Der Anspruch dieses Buches besteht also darin, Beratern Modelle und Hinweise zu geben, wie sie sich selbst in Beratungsprozessen bewusster steuern können. Der Begriff »Steuerung« erzeugt möglicherweise Widerspruch, insbesondere aus dem systemischen Lager selbst, lehren doch systemische Konzepte, dass die Steuerung von lebenden Systemen nicht möglich ist. Wenn wir davon ausgehen, dass auch Berater lebende Systeme sind (und das sollten wir tun), so wäre auch Selbststeuerung fraglich.

Wenn wir hier von Selbststeuerung sprechen, so verfolgen wir jedoch keinen Steuerungsbegriff, der Eindeutigkeit und lineare Beratungsstrategien im Sinne einer Wenn-dann-Logik ermöglicht. Es gibt also nicht so eindeutige Zusammenhänge, wie wir uns das z. B. beim Steuern eines Druckers vorstellen. Vielmehr geht es um Kybernetik, also um Navigationskunst etwa wie beim Steuern eines Segelbootes im Wechselspiel mit letztlich nicht bestimmbaren Naturkräften. Es geht darum, einen Kurs zu bestimmen und zu halten trotz akzeptierter Unberechenbarkeit.

Was solche Steuerungskonzepte anbieten, ist Orientierung, die bewusste Entscheidungsprozesse wahrscheinlicher macht, nicht die Herstellung vorhersehbarer Wirklichkeiten. Sosehr Berater sich Sicherheit wünschen und sich danach sehnen, Beratungsprozesse zu kontrollieren und zu regulieren, so wenig erfüllen Steuerungskonzepte diese Erwartungen. Berater haben ein nachvollziehbares Bedürfnis nach einer klaren Orientierung hinsichtlich dessen, wie ein Beratungsprozess zu gestalten ist. Der Wunsch nach Eindeutigkeit des Vorgehens und der zu erwartenden Ergebnisse ist verständlich. Wie beginne ich, was folgt danach, wie sieht der dritte Schritt aus, wie schließe ich das Gespräch ab? Wie starte ich in das zweite Gespräch, wie in das dritte, und wie beende ich irgendwann die Beratung? Der Begriff »Steuerung« ist insofern verführerisch, könnte er doch suggerieren, dass der Berater die Wirklichkeit der Beratung »steuert«. Im Gegensatz zu dieser Erwartung stellen die Konzepte eine Navigationshilfe dar in Bezug darauf, wie der Berater sich in jedem Gespräch neu orientieren und sein Verhalten neu erfinden kann. Die Einmaligkeit jedes Gespräches wird durch diese Konzepte nicht aufgehoben. Beratung bleibt ein kreativer Akt, jedes Gespräch ein Unikat.

2 Systemische Grundtechniken und Vorgehensweisen

In diesem Kapitel werden grundlegende und eher praktische Steuerungsperspektiven eingenommen. Aus ihnen werden Haltungen und Grundtechniken für Beratung abgeleitet. Sie gehen davon aus, dass der Berater ein qualifizierter Nichtwissender ist, ja sein sollte. Dies ist ein klarer Kontrapunkt gegenüber der Meinung, dass Berater aufgrund ihrer Wirklichkeiten die Wirklichkeit von Klienten beurteilen könnten. Auch erfahrene Pfadfinder müssen sich in neuem Gelände kundig machen, wissen aber besser als Greenhorns, wie. Doch auch Erfahrene wissen eben nicht von vornherein, was Wirklichkeiten der Klienten bedeuten und was die Klienten falsch oder richtig machen. Sie müssen wirklich fragen, auch dann, wenn sie ganz plausible Annahmen auf Lager haben. Fragenstellen hilft besonders dem Lösungsfreudigen, davon wegzukommen, den Klienten zu sagen, was gut für sie ist. Fragenstellen hilft auch zu vermeiden, dass Klienten die Ideen des Beraters als nicht hilfreich abwerten und gleichzeitig dem Berater die Verantwortung für die eigene Veränderung zuschieben. Der Berater hat ein Recht, sich nicht auszukennen und so lange zu fragen, bis er ein plausibles Verständnis gewonnen hat. Gelingt ihm dies nicht, kann er nichts tun, außer vielleicht auch aus einem größeren Repertoire von Perspektiven weiterzufragen oder eine andere Technik zu versuchen, bis sich der Nebel lichtet. Gerne darf ein Berater mal von sich aus Wirklichkeitsbilder und Meinungen einbringen. Dann aber ist wieder Fragenstellen danach angesagt, ob diese Wirklichkeitsbilder und Meinungen in der Beratung fruchtbar werden können. Blindflugkompetenz braucht ein Berater nicht für sich in Anspruch zu nehmen. Insofern tun wir gut daran, als Systemiker die fragende Haltung und ein großes Repertoire an Fragen und anderen Techniken zu kultivieren.

2.1 Fokussieren, Zuhören, Positionieren

2.1.1 Fokussieren

Markenzeichen des systemischen Arbeitens ist und war die Fragetechnik. Aus gutem Grund: Wenn wir fragen, bringen wir die Klienten in eine selbstreflexive Haltung, in Suchprozesse und regen sie an, eigene Lösungen zu finden und Verantwortung für die Veränderung zu übernehmen.

Kommt beispielsweise ein Klient mit einem Problem, zu dem er keine Lösungsidee hat, so können wir fragen, ob er ähnliche Probleme schon einmal hatte und wie er sie damals gelöst hat. Oder wir fragen nach Ausnahmen und danach, wie es ihm gelungen ist, diese Ausnahmen aktiv herzustellen. Findet der Klient solche Lösungsansätze, so können wir fragen, wie er seine Kompetenzen auf die aktuelle Situation übertragen kann. Mit diesen und ähnlichen Fragen gelingt es dem Berater, bei seinem Klienten neue Sichtweisen hervorzurufen bzw. vorhandene Sichtweisen, die ihm aus dem Blick geraten waren, wiederzuentdecken. Durch Fragen können neue Zugangsweisen und Wege entstehen, mit deren Hilfe der Klient Verworrenheit und Sackgassen meiden kann. Aufgrund der fragenden Haltung des Beraters bleibt der Klient in einer selbstverantwortlichen, kompetenten Position und wird zum Akteur seiner Veränderung.

Allerdings kann die Faszination der Fragetechniken dazu verführen, andere Formen der Impulsgebung zu übersehen. Die folgenden Abschnitte sollen Anregungen geben, die Fragetechnik einerseits zu verfeinern und sie andererseits um zwei nützliche Perspektiven zu ergänzen: das Zuhören und das Positionieren (s. a. Klein u. Kannicht 2011).

2.1.2 Zuhören

Nicht immer sind Fragen die beste Form, Klienten zu helfen. Es gibt Situationen, in denen Fragen, insbesondere als Technik eingesetzt, wenig respektvoll erscheinen können.

Erzählt beispielsweise eine Klientin unter Qual von einem schlimmen Ereignis, beispielsweise einer schweren, unerwarteten Erkrankung, so mag es sinnvoll sein, ihr Raum für ihre Gedanken und Gefühle zu geben, ohne sie durch Fragen zu unterbrechen oder durch Fragen neue Denkprozesse anregen zu wollen. Einfühlsames Zuhören ist dann oft die bessere Alternative.

Im technischen Sinne einwandfreie zirkuläre Fragen wie etwa: »Wenn ich Ihren Mann fragen würde, wie würde er Ihre Situation schildern?«, die zu einer Außenperspektive führen, ergeben in diesem Stadium der Beratung wenig Sinn und können sogar zynisch wirken. Präsenz und Offenheit des Beraters sind gefragt; Aushalten der Betroffenheit, statt Kontrolle über das vielleicht Tragische durch Fragen gewinnen zu wollen. Die Fragen würden eher dem Selbstschutz des Beraters dienen als eine Hilfe für die Klientin darstellen.

Zuhören kann in unserem Verständnis von systemischem Arbeiten eine bedeutende Dienstleistung darstellen. Nicht selten kommen Menschen in Beratung, weil sie hier einen geschützten Raum suchen, in dem Dinge formuliert werden können, die in keinem der realen Bezüge kommunizierbar erscheinen. Die Selbsterzählung kann dann wie ein Suchprozess der Klienten verstanden werden, Erlebtes überhaupt in Erzählform zu bringen oder im Erzählvorgang mit einem neuen Selbstverständnis zu experimentieren. Manchmal ist das Aussprechen eines Gedankens oder Gefühls, das ein Klient mit sich herumträgt, der erste und bedeutendste Schritt, einen Unterschied zu dem bisherigen Verhalten zu machen. Der Mut zur Erzählung ist möglicherweise das bahnbrechende Ereignis, und es ist gut, als Berater ein Gefühl dafür zu entwickeln, wann dies die zentrale Herausforderung ist. Zu viele Fragen können diesen Prozess empfindlich stören.

In der Gesprächspsychotherapie nach Rogers wurde das Zuhören als eine Form der Dienstleistung methodisch verfeinert und theoretisch begründet. Wenn wir hier von der Bedeutung des Zuhörens sprechen, versteht sich systemisches Arbeiten als Metamodell, das Elemente aus anderen Verfahren aufgreift und, wenn passend, aufgrund von Steuerungsüberlegungen in den Beratungsprozess einbezieht.

2.1.3 Positionieren

Zuhören ist die eine Ergänzung zur Fragetechnik. Es gibt auf der anderen Seite auch Situationen, in denen der Berater dem Klienten gute Ideen vorenthalten kann, wenn er ihm nur Fragen stellt und aus übertriebener Vorsicht, den Klienten in eigenen Suchprozessen zu belassen, wichtige eigene Impulse vorenthält.

In die Praxis kommt ein Klient in Leitungsfunktion, dem es schwerfällt, mit einem Mitarbeiter, der sich nicht angemessen verhält, ein Kritikgespräch zu führen. Für diese Problemstellung können ganz unterschiedliche Themen relevant sein (Hinweise auf die möglichen Themen und darauf, wie man sie fokussiert, finden sich in den nächsten Abschnitten). Nehmen wir aber an, ein Problem besteht darin, dass die Führungskraft aufgrund ihrer Fachkompetenz in diese Leitungsrolle kam und wenig Qualifizierung in Führungsfragen erhalten hat. In dieser Situation helfen gute Fragen wie beispielsweise »Angenommen, Sie hätten das Gespräch so geführt, dass der Mitarbeiter sich wieder an die Regeln hält, wie hätten Sie das gemacht?« wenig, oder sie führen nur auf sehr umständliche Weise weiter. Häufig ergibt es mehr Sinn (und führt zu mehr Zufriedenheit auf Kundenseite), wenn der Berater Modelle möglicher Gesprächsverläufe anbietet und mit dem Klienten abstimmt, welche für ihn passend sein könnten.

Der Berater stellt somit seine Expertise aktiv zur Verfügung und verlässt – zumindest für eine Teilsequenz des Beratungsverlaufes – die fragende Haltung. Dass Berater im systemischen Gespräch sich auch positionieren, war schon von Beginn an Teil der systemischen Vorgehensweise. Allerdings war dies der klassischen Abschlussintervention vorbehalten. Während des Gespräches wurde es als Königsweg betrachtet, den Kunden durch

Fragen zu eigenen Impulsen anzuregen. Diese stimulierenden Fragen wurden deshalb als Mikrointerventionen im Gegensatz zur Makrointervention im Rahmen des Abschlusskommentars bezeichnet. Wenn wir hier von Positionieren sprechen, ist gemeint, dass wir als Berater bereits im Gespräch durch eigene Stellungnahmen Impulse setzen.

Wir unterscheiden somit drei grundlegende Perspektiven: Fokussieren, Zuhören und Positionieren. Zuhören – und das wurde in obigem Beispiel bereits deutlich – empfiehlt sich, wenn Klienten eine Geschichte präsentieren, die sie so bislang noch nicht erzählt haben. Fokussieren ist das Mittel der Wahl, wenn sich die Klienten in eingeschränkten Denk-, Erklärungs- und Lösungsmustern bewegen und sie angesichts der Problemlage ihre vorhandenen Lösungskompetenzen ausgeblendet haben. Erweiterndes Fokussieren kann vom Tunnelblick befreien und das Repertoire an Betrachtungen aktivieren bzw. erneuern. Positionieren ist sinnvoll, wenn es dem Klienten an inneren Bildern fehlt, die ihm neue Sichtweisen ermöglichen, oder wenn er von einschränkenden Bildern schlecht loskommt.

Zuhören ist mehr als Abwesenheit von Aktivitäten. Zuhören ist eine eigene Kunst und zumindest innerlich durchaus aktiv. In Abschnitt 2.2 sollen als Beispiele drei Formen des Zuhörens unterschieden werden.

2.2 Drei Formen des Zuhörens

Zuhören kann grundsätzlich in jeder Phase eines Beratungsprozesses sinnvoll sein, ist aber in der Kennenlern- und Kontaktphase fast immer erforderlich, wenn der Berater versucht, sich bezüglich der Kognitions-, Emotions- und Verhaltensmuster des Klienten kundig zu machen. Je nachdem, ob der Kunde eine Geschichte erstmalig oder wiederholt erzählt, ergibt es für den Berater allerdings Sinn, sich für unterschiedliche Formen des Zuhörens zu entscheiden. Wir unterscheiden drei Formen, die dem Berater Orientierung geben bei der Frage, wann er wie in den Erzählprozess des Klienten eingreift: das achtsame

Zuhören, das interessierte Nachfragen und das kritische Nachfragen.

2.2.1 Achtsames Zuhören

Wenn Kunden in Beratung kommen, die eine Geschichte erzählen, welche sie offenbar noch niemandem bisher anvertraut haben, kann es sinnvoll sein, dieser Geschichte zunächst ohne jede Unterbrechung zu folgen. Auch seelisch besonders bewegende Erzählungen, von einem schweren Schicksal oder einem bislang streng gehüteten Geheimnis, benötigen zunächst einen Sprachraum ohne jeden Kommentar. Wir sprechen dann von achtsamem Zuhören. Hier stellt alleine die Tatsache, dass der Klient etwas bislang nicht Erzähltes in eine Erzählform bringt und dadurch eine bisher nur innere Realität zu einer sozialen Realität macht, bereits eine bedeutende Unterschiedsbildung dar. Für den Kunden kann es in diesen Fällen – ohne jedes Hinzutun des Beraters – von größter Bedeutung sein, wie es ihm gelingen wird, das noch nie Erzählte erstmals in Worte zu fassen und bewusst nachzuspüren, wie er dies erleben wird, ob es ihn beispielsweise erleichtert oder beschwert.

Für eine optimale Gestaltung des »achtsamen Zuhörens« gibt es einschlägige und weitgehend bekannte Empfehlungen: zugewandt sein (sowohl in der räumlichen Gestaltung, der Körperhaltung wie auch in der inneren Aufmerksamkeit), Blickkontakt halten, sich stimmig auf das Sprechtempo, die Sprachmelodie, die Körperhaltung des Klienten beziehen und Verständnis zeigen, indem man die Schlüsselworte aufgreift oder emotional besonders Bedeutsames heraushebt.

2.2.2 Interessiertes Nachfragen

In anderen Situationen kann sich der Berater für eine aktivere Variante des Zuhörens entscheiden. Möglicherweise kommt die Erzählung des Kunden nicht oder nur stockend in Gang. Dies kann unterschiedliche Gründe haben. Vielleicht hat der Klient keine Vorerfahrung mit Beratung. Er weiß nicht, wie die Spielregeln in diesem Kontext sind, und benötigt zunächst Orientierung im Hinblick darauf, welche Themen angemessen sind und was eher nicht in den Rahmen einer Beratung gehört. Er kann aber auch Scham empfinden gegenüber der Situation, sich einem Berater anzuvertrauen und Hilfe zu holen. Das Nachfragen des Beraters gibt dem Kunden Orientierung und erleichtert es ihm, sich zu öffnen, weil die Fragen zeigen, dass es angemessen und üblich ist, solche Themen zu besprechen. Die Fragen des Beraters sind wie freundliche Einladungen einem noch unsicheren Gast gegenüber, sich in der ungewohnten Umgebung zunehmend vertrauter zu fühlen. Wir sprechen dann von interessiertem Nachfragen. Der Berater erlaubt sich, all das, was er noch nicht ganz verstanden hat, durch Rückfragen zu klären. Er bleibt dabei ganz im Bereich der Beschreibungen, Erklärungen und Bewertungen des Klienten und nimmt selbst keine Stellung, d. h., er bleibt frei von eigenen Erklärungen, Bewertungen oder ergänzenden Beobachtungen.

2.2.3 Kritisches Nachfragen

Das kritische Nachfragen empfiehlt sich bei Kunden, die ihre Leidensgeschichte schon oft erzählt haben und bei denen das Wiederholen dieser Geschichte ein konstitutives Element der Probleminszenierung darstellt.

Kritisches Nachfragen bedeutet, nicht nur in eine Haltung des Nichtwissens (wie beim interessierten Nachfragen), sondern zusätzlich in eine Haltung des Nichtverstehens zu gehen: Warum erzählt der Klient seine Geschichte so und nicht völlig anders? Alles, was für den Klienten selbstverständlich ist, stellt für den Berater eine wundersame Schlussfolgerung, unerklärliche Analogie, Erklärung, Bewertung oder unverständliche beispielhafte Schilderung eines Sachverhaltes dar. Der Klient kommt in eine Position, in der er dem Berater unaufhörlich erklären muss, warum seine bisherige Erzählung der Welt so sein muss, wie er sie bisher erzählte, und warum sie nicht auch völlig anders erzählt werden könnte. Der Berater achtet auf die Verbindungsglieder der Erzählkette des Klienten. Diese Zwischenstücke sind die Stellen, an denen sich ein Hinterfragen lohnen könnte. Durch die Rückfragen wird der Kunde angeregt, bereits bei der ersten Darstellung seiner Sichtweisen zu einer Neuerzählung zu finden, ohne dass der Berater irgendwelche eigenen Interpretationen hinzufügt.

Durch diese Haltung sollen beim Kunden gewohnte Denk-, Empfindungs- und Verhaltensmuster irritiert und neue Sichtweisen angeregt werden. Insbesondere bei chronifizierten Problemen gibt es häufig Erzählmuster, die ähnlich verdinglicht sind wie die Probleme selbst. Indem die Erzählung infrage gestellt wird, wird gleichsam in symbolischer Form die als unveränderlich erlebte Problematik selbst infrage gestellt.

Für den Berater stellt es in diesem Falle eine Herausforderung dar, trotz des kritischen Nachfragens den guten Kontakt zum Kunden nicht zu verlieren. Dies kann gelingen, indem er auf der verbalen Ebene eine kritische, auf der nonverbalen Ebene eine zugewandte Seite zeigt. Bei Kunden, die schon viel Beratungs- oder Coachingerfahrung haben, kann der Berater durch diesen ungewohnt geringen Grad an Empathie auch unmittelbares Interesse und Neugier wecken. Diese Art der Beziehungsaufnahme ruft bei den Kunden möglicherweise eine Erwartungshaltung wach, dass in dieser Beratung eine neue Erfahrung möglich ist.

Es bedarf einer gewissen Gelassenheit des Beraters, damit der Raum entsteht, in dem das Zuhören seine eigene Qualität entfalten kann. Berater identifizieren sich häufig mit einer möglichst raschen Lösungssuche zur Beseitigung des Problems des Klienten. Sie gehen davon aus, dass eine gute Dienstleistung dadurch gekennzeichnet ist, dass der Klient sich verändert. Diese Haltung ist dem Zuhören eher abträglich.

2.3 Drei Zeitperspektiven in der Beratung

Die Fragetechnik wird häufig als Kernstück der systemischen Beratung bezeichnet. Es existiert inzwischen eine Fülle unterschiedlicher Frageformen. Allerdings geht aus ihnen nicht hervor, wann welche Fragen sinnvollerweise eingesetzt werden können und welche Wirklichkeiten sie jeweils implizit erzeugen. Das nachfolgende Modell bietet hierfür eine Strukturierungshilfe. Es lassen sich drei Fokussierungsebenen unterscheiden: die aktuelle Bühne, die Lösungsbühne und die Hintergrundbühne. Die Bühnenmetapher soll veranschaulichen, dass wir als Berater die Lebenserzählungen unserer Klienten durch die Wahl des Fokus als ganz unterschiedliche »Theaterstücke« verstehen können. Sowohl in der Beratung als auch in der Weiterbildung hat sich die Theatermetapher außerordentlich bewährt (Schmid u. Wengel 2001; Schmid 2004c).

Auf der aktuellen Bühne wird die Schilderung eines Problems in seinen aktuellen Herausforderungen und aktuellen Systembezügen beleuchtet. Wir fragen, wie und wo sich das Problem aktuell zeigt, wer beteiligt ist und wann es auftritt. Die Lösungsbühne bildet die Entwicklung auf der Ebene bereits erfolgreicher oder zukünftig möglicher Lösungsversuche ab. Auf der Hintergrundbühne fragen wir, welche Vorerfahrungen des Klienten in die aktuellen Herausforderungen hineinspielen und welche Lebensthemen sich in dem aktuellen Problem wiederholen könnten.

Man kann diese drei Ebenen auch als Spiegel dreier Hauptströmungen der systemischen Landschaft beschreiben: Die aktuelle Bühne entspricht der Vorgehensweise der klassischen Mailänder Schule nach Selvini Palazzoli et al. und dem Mental Research Institute in Palo Alto um Watzlawick et al., die Lösungsbühne dem Ansatz des Brief Family Therapy Center in Milwaukee nach de Shazer und Berg und die Hintergrundbühne schließlich dem systemisch-familientherapeutischen Ansatz nach Boszormenyi-Nagy, der Genogrammarbeit nach McGoldrick und in weiten Bereichen dem systemisch-phänomenologischen Ansatz nach Hellinger.

Diese unterschiedlichen theoretischen Strömungen im systemischen Feld finden durch die Bühnenmetapher einen gemeinsamen Bezugsrahmen.

2.3.1 Aktuelle Bühne

Die aktuelle Bühne nimmt die Rückbezüglichkeit von Problemen und den einbezogenen Akteuren in den Blick. Angeregt vom kybernetischen Paradigma, wendet sich der Berater der Frage zu, wie ein Problem in einem sozialen System Bedeutung erhält und von den beteiligten Menschen aufrechterhalten wird. Das Problem wird gleichsam als Systemmitglied aufgefasst, und die Feedbackschleifen, die sich um das Problem entwickelt haben, werden erforscht. Im Mittelpunkt steht oft die Funktion eines Problems in einem System. Probleme werden als Beitrag zu einer Stabilisierung und Aufrechterhaltung eines Systems betrachtet. Es ist in Verhaltensmuster eingebettet, die es wie ein Netzwerk umschließen. Während frühere beraterisch-therapeutische Modelle durch anamnestische Fragen auf den Verlauf der Symptomatik zielten und so versuchten, Probleme des Klienten zu erklären, zielen die systemischen Fragen auf der aktuellen Bühne auf Rückkopplungsprozesse des Symptoms im Bezugssystem des Klienten. An die Stelle des Ursache-Wirkungs-Prinzips tritt das Prinzip der durch Feedbackschleifen aufrechterhaltenen Bedingungen eines Symptoms.

Wer reagiert wie auf die Symptomatik? Wie sehen die Reaktionen aus? Was hat das für Auswirkungen auf das Selbsterleben des Klienten? Wie wirkt das auf sein Verhalten? Was denkt der Klient über die Erklärungen und Bewertungen seiner Umgebung? Was denkt die Umgebung über die Verhaltensweisen des Klienten? Was denkt sich der Klient zu dem Verhalten seiner Umgebung? Wie denkt die Umgebung über die Erklärungen und Bewertungen des Klienten? Und umgekehrt der Klient über die Erklärungen und Bewertungen seiner Umgebung?

Dies ist der Kern des zirkulären Fragens, das die Rückbezüglichkeiten zwischen verschiedenen Dimensionen im System des Klienten und seines Symptoms deutlich machen soll. Mit diesen Fragen entsteht der Entwurf eines Netzes an rückgekoppelten Verhaltens-, Denk- und Empfindungsmustern, als in die das Symptom als stabilisierendes Element eingebettet gedacht wird. Haben wir als Berater durch unsere Fragen eine solche Wirklichkeit erzeugt, ergeben sich vielfältige Möglichkeiten, die eingespielten Muster zu verstören und damit das System zur Entwicklung neuer und weniger störender Choreografien anzuregen. Das Gewahrwerden des Kunden, dass seine vermeintlich ungeliebten Eigenschaften oder scheinbar unbeeinflussbaren Symptome durch Rückkopplungsprozesse beschreibbar sind, hebt sie wieder auf die Ebene der Beeinflussbarkeit und Gestaltbarkeit. Ein Preis bleibt: Beziehungen müssen sich dann verändern, wenn sich das Problem verändern soll.

2.3.2 Lösungsbühne

Eine andere Wirklichkeit nehmen wir in den Blick, wenn wir mit dem Scheinwerfer der Lösungsbühne auf unsere Kunden blicken. Hier fragen wir weniger nach den das Symptom aufrechterhaltenden Mustern, sondern uns interessieren sämtliche im System vorhandenen Ideen und Impulse zur Veränderung, Visionen von Lösungen sowie die Kompetenzen des Klienten und seines Bezugssystems. Situationen, in denen Ausnahmen vom Problem aufgetreten oder gelungen sind, und bereits entwickelte erfolgreiche Schritte in Richtung Lösung werden als Kristallisationspunkte von Ressourcen gesehen, aus denen sich weitere Lösungsschritte ableiten lassen.

»Wenn das Problem gelöst wäre, was machen Sie dann anders? Wie würde Ihre Umgebung reagieren? Und wie würden Sie dann handeln? Was könnten Sie tun, damit sich Ihre Mitmenschen eher so verhalten, wie Sie es sich wünschen? Haben Sie in letzter Zeit schon einmal die Erfahrung gemacht, dass das Problem kleiner oder gar verschwunden war? Wodurch ist dies zustande gekommen? Wie haben Sie das geschafft? Wie könnten Sie diese Fähigkeit nutzen, um in Zukunft häufiger diesen Zustand herzustellen? Welche Ihrer Fähigkeiten könnten Ihnen sonst noch bei der Bewältigung der Probleme hilfreich sein? Wie müssten Sie sie einsetzen, um Ihrem Ziel näherzukommen?«

Während bei der aktuellen Bühne die Gegenwart im Fokus steht, ist es bei der Lösungsbühne die positive Zukunft. Durch die Fragen des Beraters wird der Klient eingeladen, sein Thema in Form einer Lösungsinszenierung auf die Bühne zu bringen. Es geht nicht darum, wie die Probleme in seinem Bezugssystem aufrechterhalten werden, sondern um die Erarbeitung eines Drehbuches für ein Leben ohne das Problem. Wie sähe dieses

Drehbuch aus, wie müssten die Schauspieler instruiert sein, damit dieses Stück überzeugend auf der Bühne zur Darstellung kommen könnte? Durch die Wahl des Lösungsfokus und der dazugehörigen Fragen des Beraters entsteht im Beratungsraum ein von der aktuellen Inszenierung abweichendes Stück. Durch die Erkundung der Ressourcen des Klienten, seiner Lösungsvisionen und der erfolgreich praktizierten Lösungsversuche findet der Berater Ansatzpunkte, wie er den Klienten durch Verstärkung dieser (dem Klienten meist aus dem Blick geratenen) Kompetenzen zu neuen Erfahrungen anregen kann.

2.3.3 Hintergrundbühne

Der dritte Fokus zielt auf die Hintergrundbühne. Hier interessiert, inwieweit sich die aktuellen Probleme eines Klienten als eine Wiederauflage von problematischen früheren Erfahrungen, als Reinszenierungen, interpretieren lassen. Während im Professionscoaching Bühnen der Berufswelt und im Organisationscoaching Bühnen der Organisationswelt naheliegen, werden in der Therapie oder im Lifecoaching häufig Bühnen aus der Biografie des Klienten ausgemacht. Dabei wird z. B. gefragt, ob das gegenwärtige Problem als Neuauflage eines schon länger vorhandenen ungelösten Themas verstanden werden kann.

Durch unsere Fragen nach den hinter gegenwärtigen Inszenierungen stehenden Bildern und Wirkkräften bieten wir dem Klienten ein neues Verständnis seiner aktuellen Problemsicht an. Er kann sich seelisch der im Hintergrund wirkenden Szene zuwenden, was ihn möglicherweise bezüglich der aktuellen Herausforderung gelassener sein lässt. Er erhält neue Gesichtspunkte, um Wesentliches von Unwesentlichem zu unterscheiden. Oder er erkennt, wie gut es ist, die aktuelle Problemsituation nicht vorschnell zu verändern, weil sie eine hohe emotionale Bedeutung für ein anderes Stück hat, welches vielleicht zuerst umgeschrieben werden muss.

Halten wir die Familiengeschichte für besonders bedeutsam, können wir ein Genogramm erstellen, um die entscheidenden Mitspieler des »Hintergrundstückes« zu erkennen und mögliche Verstrickungen oder unhinterfragte Wirklichkeiten neu zu ordnen. Geht es um berufliche Probleme, kann die bisherige berufliche Laufbahn hinterfragt werden. Die Methode der Aufstellungsarbeit kann hilfreich dabei sein, ein neues Bild (auch im wörtlichen Sinn) der eigenen Geschichte zu gewinnen. Und wir können durch gezielte Fragen zur Biografie Informationen erhalten zu Themen, die im Hintergrund die Dynamiken der aktuellen Probleme besser verstehen helfen.

»Inwiefern sind die aktuellen Akteure Stellvertreter für ein Grundthema? Wann stellte sich das Grundthema zum ersten Mal? Angenommen, Sie würden das aktuelle Problem lösen, wem würden Sie damit untreu werden? Was wäre der Nachteil der Lösung? Wie könnten Ihre Grundüberzeugungen (dass Sie sich nicht wehren können, dass Sie nicht erfolgreich sein können etc.) entstanden sein? Inwiefern können sie aufgrund Ihrer Erfahrungen Sinn haben? Was waren prägende Einflüsse in Ihrer Kindheit? Welche Werte lernten Sie in Ihrer Herkunftsfamilie kennen, die bedeutend sein könnten für die Lösung der aktuellen Herausforderungen? Gibt es etwas, das bearbeitet werden muss, damit das aktuelle Problem gelöst werden kann?«

Mit diesem Fokus können Zusammenhänge konstruiert werden zwischen dem aktuellen Problem und den prägenden Lebenserfahrungen des Klienten. Die bisherige Sicht auf die Vergangenheit kann infrage gestellt und um neue Sichtweisen ergänzt werden. Durch einen veränderten Blick auf die eigene Geschichte können sich neue Handlungsoptionen zur Lösung der aktuellen Herausforderungen ergeben.

Was manchmal als Richtungsstreit ausgetragen wurde, erscheint in diesem Steuerungsmodell als Ergänzung unterschiedlicher Perspektiven. Die Frage ist nicht, ob der lösungsfokussierte Ansatz besser hilft als Mustererkennung und Musterverstörung oder Genogrammarbeit und Erkennen von biografischen Dynamiken. Die Frage ist eher, was gerade am besten hilft und wie man möglicherweise das Zusammenspiel der Perspektiven zu neuen Handlungsmöglichkeiten des Klienten formen kann.

Für den Berater ist häufig das lösungsorientierte Vorgehen die erste Wahl. Es stabilisiert den Klienten und gibt ihm Mut. Erlebt ein Klient allerdings sein Leben eher als eingespielt und starr und braucht er eher aufrüttelnde, provokative Impulse, mag ein Infragestellen vertrauter Muster und die damit verbundene Irritation eher eine Hilfe darstellen. Erlebt sich dagegen ein Klient eher als blockiert und Stabilisierung und Ermutigung gehen ins Leere, so mag die Hintergrundperspektive überraschende Wendungen erzeugen, indem mit dem Klienten Dynamiken konstruiert werden, die (bisherige) gute Gründe für Nichtveränderung in den Blick nehmen oder Möglichkeiten eröffnen, an den neu entdeckten (bzw. konstruierten) Themen im Hintergrund zu arbeiten.

2.4 Drei Formen des Positionierens

Spezielle Fach- oder Feldkenntnisse wurden beim systemischen Ansatz oft geradezu als störend bei der Erkennung allgemeiner Muster angesehen. Nun gibt es zunehmend Stimmen, Expertise als Element der Beratung zu rehabilitieren. Für spezifische Fragestellungen kann es der einfachere und wirkungsvollere Weg sein, den für das systemische Vorgehen typischen Fragemodus zu verlassen und Kunden an einer möglichen Expertise des Beraters aktiv teilhaben zu lassen. Pointiert formuliert: Es wäre manchmal geradezu unterlassene Hilfeleistung, wenn jeder Klient das Rad neu erfinden müsste. Dies stellt die im systemischen Vorgehen propagierte Neugierde (Cecchin 1988) als Grundhaltung nicht in Abrede. Zu prüfen wäre, ob in bestimmten Situationen Klienten ergänzend auch von der Erfahrung und Expertise des Beraters profitieren können. In diesem Kapitel werden Formen geschildert, wie man Expertise in Beratungsgespräche einfügen und zugleich mit einer neugierigen Haltung auf Augenhöhe verbinden kann.

Man kann unterschiedliche Arten, wie Expertise in das Gespräch eingeführt wird, unterscheiden. Wir sprechen von drei Formen des Positionierens: dem Angebot, der Rahmung (»Framing«) und der Konfrontation.

2.4.1 Angebot

In manchen Situationen haben Berater Anregungen für Klienten, die nur schwierig in Fragen zu kleiden sind oder die von Klienten, trotz geschickter Fragetechnik, nicht aufgegriffen werden. In diesen Fällen kann es sinnvoller sein, eigene Ideen offen einzubringen. Meist erweist es sich als besonders hilfreich, die präsentierten Lösungsideen als Angebote zu deklarieren: »An dieser Stelle hätte ich Ideen, wie Sie mit dieser Situation vielleicht besser umgehen könnten. Denken Sie, dass es für Sie hilfreich wäre, meine Ideen zu hören, oder ist es momentan für Sie besser, wenn ich Ihnen eher Fragen stelle und Sie in dem Prozess begleite, eine für Sie stimmige Lösung selbst zu finden?«

Eine 22-jährige Studentin erzählt, sie wolle kurz vor dem Examen ihr betriebswirtschaftliches Studium abbrechen. Diese Überlegungen verursachten bei ihr allerdings schlimme Selbstvorwürfe, weil sie das Studium durch ihre Eltern finanziert bekommen hatte. Sie war von Prüfungsängsten gepeinigt und kam angesichts mehrerer schlimmer körperlicher Erkrankungen zu der Erkenntnis, dass das Studium und der sich anschließende Beruf nicht zu ihr passten. Sie dachte, sie hätte dies alles viel früher merken müssen. Außerdem quälten sie Selbstzweifel, ob sie überhaupt geeignet sei, Prüfungen bestehen zu können. In den letzten Wochen fühlte sie sich sehr kraftlos und konnte kaum Energie mobilisieren, um zu irgendeiner Entscheidung bezüglich ihrer Zukunft zu gelangen. Interessanterweise machten ihr die Eltern keinen Vorwurf. Allerdings waren sie wegen der Selbstbeschuldigungen und des schlechten energetischen Zustandes der Tochter sehr beunruhigt. Nachdem die Klientin ausführlich von ihrer Situation berichtet hatte und sich im Beratungsraum bereits eine gedrückte Atmosphäre breitzumachen begonnen hatte, positionierte sich der Berater:

»Ich finde, dass Sie eine sehr eindimensionale Version Ihrer Erfahrungen erzählt haben. Ihre Überlegung, keine Prüfung bestehen zu können, ist wenig überzeugend. Lassen Sie uns auf die Suche gehen, welche Aspekte Sie bei Ihrer Erzählung außer Acht gelassen haben. Mir scheint, dass Sie eine sehr loyale und verantwortungsvolle Tochter sind und noch lange an dem Studium festgehalten haben, obwohl Sie schon spürten, dass es Ihren Neigungen nicht entspricht. Und dies, um die Eltern nicht zu enttäuschen. Angenommen, Ihr Leben würde gut weitergehen und Sie würden die gemachten Erfahrungen rückblickend als wichtige Lernchance betrachten, wie würden Sie dann über die vergangenen vier Jahre Ihres Studiums sprechen?«

Jetzt entwickelte die Klientin die Idee, sie habe im Studium gelernt, dass große Gruppen und große Institutionen nicht der Kontext seien, in dem sie ihre Fähigkeiten entfalten könne. Auch sei ihr deutlich geworden, dass ihr praktische Dinge sehr viel besser lägen als theoretische. Trotzdem sei es schwierig, ihre Entscheidung im Freundes- und Verwandtschaftskreis offenzulegen. In allen Details entwickelte die Klientin nun gemeinsam mit dem Berater eine Geschichte, die sie bei einer anstehenden Familienfeier erzählen würde, falls die Verwandtschaft sie nach ihrem Studium befragen sollte.

Zentral für die Klientin war hierbei die Idee, dass sie das Studium als eine wichtige Lernerfahrung beschreiben konnte, aus der sie eine eindeutige Orientierung für ihren zukünftigen beruflichen Weg ableiten konnte. Jetzt wisse sie mit großer Klarheit, dass sie Physiotherapeutin werden wolle.

2.4.2 Rahmung

Als Rahmung bezeichnen wir Setzungen, die der Berater zu Beginn oder im Verlauf seiner Beratung gegenüber Klienten macht. Viele Arbeitsfelder haben Vorgaben, die Berater einschränken und nicht frei nach den Aufträgen und Wünschen der Klienten handeln lassen. Daher ist es sinnvoll, Klienten vor Beginn der Hilfe diese Begrenzungen der eigenen Arbeitsmöglichkeiten kenntlich zu machen.

Dies ist umso bedeutsamer, je komplexer das Arbeitsfeld strukturiert ist, in dem die Beratung stattfindet. In vielen Arbeitsfeldern spielen Aufträge von Dritten eine Rolle, Fragen der Schweigepflicht bzw. Informationsweitergabe oder Beauftragung der Beratung durch einen Überweiser. Dies kann das Beratungsgespräch gehörig beeinflussen. Fragt hier der Berater ohne Vorklärung nach dem Auftrag des Klienten, erhält er möglicherweise Aussagen, die weitgehend taktisch formuliert sind oder nicht zu den Möglichkeiten passen, die er erfüllen kann. In diesen Fällen kann er für Klarheit sorgen, indem er unabhängig von dem Anliegen des Klienten formuliert, was er zu leisten imstande ist und was nicht. Auch im Verlauf einer Beratung können sich typische arbeitsfeldspezifische Schwellen und Herausforderungen ergeben. Für diese Situationen Standards dafür zu entwickeln, wie man die Herausforderungen und Konflikte konstruktiv nutzen kann, macht die besondere Feldkompetenz von Beratern aus.

Diese Kompetenz, mit der systemische Berater ihr Selbstverständnis definieren, nennen wir Rahmung. Framing (in Anspielung auf die Technik des »Reframings«) meint, dem Klienten aktiv einen Rahmen vorzugeben. Vorgaben zu machen ist eine eigene Kunst, da Wirklichkeit unterschiedlich definierbar ist. Je nach Haltung, Wortwahl und Inhalt können diese Vorgaben den Klienten einladend motivieren oder auch zurückstoßen. Diese Spielräume gilt es optimal für den Beratungs- bzw. Therapieprozess zu nutzen.

Ein Blick in den Arbeitsbereich der Kindertherapie kann dies verdeutlichen. Aus systemischer Sicht ist es bedeutsam, die Eltern als Kooperationspartner für den Veränderungsprozess zu gewinnen. Eine häufige Hypothese besteht darin, dass Verhaltensauffälligkeiten von Kindern aus problematischen Umgangsformen der Eltern resultieren. Diese Hypothese ist gerade von Systemikern mit besonderem Nachdruck formuliert worden. Sie ist aber für ein Ankoppeln an die Eltern nicht besonders hilfreich (und übrigens auch sehr einseitig, weil sie viele mögliche andere Kontexte wie etwa Kindergarten, Schule oder auch somatische Einflussfaktoren ausblendet). Eltern kommen häufig mit einem Gefühl von großer Enttäuschung in Beratung, beklagen sich über das schlechte Verhalten des Kindes und machen mit dieser Selbstrechtfertigung deutlich, wie sehr sie sich selbst schon Vorwürfe gemacht oder Anklagen aus dem Umfeld gehört haben. Versuchen wir, Eltern dadurch zu gewinnen, dass wir ihnen deutlich zu machen versuchen, dass die Probleme des Kindes bestimmt mit ihnen zu tun haben, brauchen wir uns nicht zu wundern, wenn die Eltern wenig Interesse an Zusammenarbeit haben und uns in die Rolle eines Reparateurs der kindlichen Störung bringen möchten. Wir benötigen also eine andere Haltung und eine daraus resultierende andere Einladung zur Kooperation.

Eine Rahmung, mit der wir die Wahrscheinlichkeit erhöhen, dass Eltern mit dem Kindertherapeuten zusammenarbeiten, könnte etwa lauten: »Sie haben es sehr schwer mit Ihrem Kind. Wir werden uns bemühen, bei der Verbesserung der Situation zu helfen. Allerdings ist uns wichtig, während der Behandlung mit Ihnen in enger Verbindung zu stehen, da Sie als Eltern für Ihr Kind eine viel wichtigere Rolle spielen als wir. Deshalb würden wir Ihnen gerne regelmäßig berichten, wie wir Ihr Kind erleben. Für uns ist es auch bedeutsam zu erfahren, ob Sie Veränderungen zu Hause wahrnehmen, und schließlich ist uns wichtig, keine Schritte mit dem Kind zu machen, die nicht in Ihrem Sinn sind. Wären Sie bereit, in regelmäßigen Abständen mit uns bezüglich der Entwicklung Ihres Kindes und Ihrer Erfahrungen zu Hause im Austausch zu bleiben?«

Arbeitsfeldspezifische Rahmungen lassen sich schleifen wie Edelsteine. In manchen Arbeitsfeldern ist es für den Erfolg der Dienstleistung höchst bedeutsam, ob es Beratern gelingt, Klienten durch besondere Vorgabekompetenzen zu Veränderungen einzuladen.

2.4.3 Konfrontation

Vordergründig passt Konfrontation nicht in das Bild von systemischer Beratung. Oft wird der Begriff mit Kritik und Rechthaberei verbunden. Ein konstruktiveres Verständnis von Konfrontation meint Gegenüberstellung einer anderen Sicht zu dem Zweck, eine konstruktive Spannung zu erzeugen. Besserwisserei ist in der Tat in Beratungsprozessen keine gute Empfehlung für Professionelle. In vielen Arbeitskontexten oder Beratungssituationen kann Konfrontation jedoch nützlich sein. Sie prinzipiell als Beratungsstrategie auszuschließen würde deshalb das Repertoire von Beratern unnötig reduzieren. Im Führungskräftecoaching kann beispielsweise der unbestechliche Blick des Beraters gerade gewünscht sein. Oder bei Klienten, die die Empathie von Beratern nutzen, um Nichtveränderung zu legitimieren bzw. um ethische oder rechtliche Grenzen zu überschreiten, kann angemessene Konfrontation einen wichtigen Beitrag zur Klärung leisten. Insofern spricht vieles dafür, den Begriff der Konfrontation zu rehabilitieren. Formal kann er als Aufeinandertreffen unterschiedlicher Wirklichkeitskonstruktionen verstanden werden, was für eine bereichernde Begegnung zwischen Menschen unerlässlich ist (Schmid 2004a).

Erzählen Klienten etwa offensichtliche Unwahrheiten – was beispielsweise in Jugendhilfekontexten nicht selten ist –, so können Berater aus Gründen des Beziehungsaufbaus diese Sichtweisen der Klienten zunächst unwidersprochen stehen lassen. Oder sie können sie z. B. als erlernte Überlebensstrategie der Klienten interpretieren und positiv umdeuten. Manchmal kann es aber auch sinnvoll sein, ohne Vorwurf deutlich zu machen, dass man sich nicht »einwickeln« lässt, und die eigene Sicht entgegenzustellen. Wie soll sich sonst der Klient an jemandem orientieren wollen, dem er glaubt, alles erzählen zu können? Liebevolle Konfrontation kann hier für den Beziehungsaufbau wichtig sein.

Konfrontation setzt umgekehrt oft eine gefestigte, vertrauensvolle Beziehung voraus. Es ist wichtig, dass Professionelle nicht nur dann zur Konfrontation greifen, wenn sie mit ihrem Beraterlatein am Ende sind. Ob sich dann eine Wirkung erzielen lässt, bleibt dem Zufall überlassen. Konfrontation als Beraterkompetenz setzt voraus, dass sie gezielt und überlegt eingesetzt wird. Insofern wäre der Konfrontation aus Verzweiflung eine Kultur der Konfrontation gegenüberzustellen.

Im Folgenden sollen zwei Formen von Konfrontation beispielhaft vorgestellt werden. Wir sprechen von »unbestechlichem

Insistieren«, wenn wir Klienten die eigene Meinung gegenüberstellen, ohne die Klienten dadurch als Person abzuwerten. Diese Form kann Klienten mit der Erfahrung in Berührung bringen, dass unterschiedliche Meinungen bzw. Konflikte nicht nur mit dem Erhalt von Beziehungen, sondern mit ihrer Weiterentwicklung vereinbar sind. Eine andere Form stellt das »Thematisieren und Präsentieren von Gefühlen« dar. In manchen Beratungssituationen kann es bei lang andauernden und vertrauensvollen Beziehungen sinnvoll sein, dass Berater die Gefühle, die sich angesichts fortbestehender Muster der Klienten aufstauen könnten, unmittelbar äußern.

Besonders veränderungsresistent erscheinende Klienten können bei Beratern ein gehöriges Ärgerpotenzial erzeugen (Cecchin, Lane u. Ray 2010). Berater denken oft, durch Zeigen des Ärgers könnte die Beziehung zu Klienten gefährdet werden. Gefühle zu zeigen kann allerdings auch das Gegenteil bewirken und von Klienten als eine Würdigung aufgefasst werden. Sich über jemanden zu ärgern heißt ja auch, ihm Bedeutsamkeit einzuräumen. Gefühle von Beratern können Klienten aufrütteln und in festgefahrenen Beratungsprozessen neue Wendungen ermöglichen. Damit die emotionale Energie die Klienten erfasst und nicht der Abfuhr von Frust aufseiten der Berater bzw. Therapeuten dient, sind wichtige Details zu beachten: Die eigenen Gefühle einzubringen sollte früh genug erwogen werden, solange der Berater noch Spielraum hat, damit bedacht umzugehen. Vor der Entscheidung, aufrüttelnde Gefühle in den Beratungsprozess hereinzuholen, sollte sorgfältig abgeklärt werden, ob dies eine zieldienliche Maßnahme sein kann. In der Beratungssituation selbst ist es wichtig, eine typische Szene – im Sinne eines relevanten Musters der Klienten – auszuwählen. Dann kann das in den Gefühlen liegende Engagement durch Klienten leichter als bedeutsam und authentisch wahrgenommen werden. Schließlich sollten sich Berater innerlich splitten: Zwei innere Teile werden kreiert, wobei eine Seite sich mit den relevanten Gefühlen und ihrer Kraft identifiziert und eine andere Seite eine Außenperspektive einnimmt, um die Szene wie von außen zu beobachten.

Dieser zweite Teil bleibt in einer selbst steuernden Haltung, dosiert den aufgewühlten Gefühlsteil und prüft, ob der Kontakt zum Klienten erhalten bleibt.

2.5 Steuerung zwischen Neugierde und Expertise

Wenn wir das Positionieren in die Methodik des systemischen Arbeitens auch jenseits der Technik der Abschlussintervention integrieren, ergibt es viel Sinn, die Innovationskraft, die durch die neugierige Haltung und dadurch, dass wir uns auf die Ebene der Muster begeben haben, beizubehalten, zugleich aber die Qualität des inhaltlichen Stellungnehmens und der inhaltlichen Fach- und Feldkompetenz zu nutzen. Wenn wir als Berater beide Optionen zur Verfügung haben, einerseits unsere Aufmerksamkeit auf den Prozess richten zu können und (Beziehungs-) Muster zu befragen und andererseits uns den Inhalten zuzuwenden und auf unsere Fachexpertise zurückgreifen zu können, erweitern wir unsere Möglichkeiten. Deshalb sollten Berater über Kompetenzen verfügen, die es ermöglichen in den jeweiligen Prozessphasen und abgestimmt auf die Bedürfnisse des Kunden entscheiden zu können, wann sie sinnvollerweise Expertise einfließen lassen und wann sie prozessorientiert in einer fragenden Haltung bleiben. Die Entscheidung, wann wir was einsetzen, stellt sich uns als eine Herausforderung an die Selbststeuerungskompetenz des Beraters dar. Wir müssen ein Gespür dafür entwickeln, wann der Klient das eine und wann er eher das andere benötigt. Auch Ludewig (2002) schlägt vor, einen Zwischenweg zu gehen, der weder in alte Machtpositionen zurückführt noch auf die Möglichkeit verzichtet, die Fachkompetenz einzubringen.

Allerdings will es auch gelernt sein, Expertise einfließen zu lassen, damit sie nicht besserwisserisch daherkommt, sondern als anregende Wirklichkeitsmöglichkeit, mit der die Klienten Dialog halten können. Sind in einem Beratungsprozess sowohl Fach- als auch Prozesskompetenz gefragt, ist für Berater die Metakommunikation das zentrale Mittel der Selbststeuerung.

Hat der Berater in einem bestimmten Gesprächsverlauf die Idee, es könnte sinnvoll sein, seine Expertise einzubringen, kann er dem Klienten dies als Angebot (siehe Abschn. 2.3.1) offerieren. Wird die Expertise des Beraters gewünscht, kann er – nachdem er seine Idee präsentiert hat – fragen: »Wenn Sie diese Idee hören, haben Sie den Eindruck, es könnte für Sie eine Anregung sein?« Mit dieser Frage bringt er den Klienten trotz Expertise sofort wieder in eine Expertenrolle im Hinblick auf die eigenen Entwicklungsprozesse. Die Verantwortung für das, was geschieht, und das, was nicht geschieht, bleibt bei dem Klienten. Ähnlich können Berater am Ende des Gespräches mit den Klienten bilanzieren, ob das Positionieren als mehr oder weniger hilfreich empfunden wurde: »Wie haben Sie es erlebt, dass ich Ihnen ein paar Ideen aktiv präsentiert habe? War das hilfreich, oder hat dies ihren eigenen Suchprozess eher gestört? Wie sollen wir in einer ähnlichen Situation zukünftig verfahren?«

Durch solche kleinen metakommunikativen Schleifen erhält der Berater Orientierung für seine Selbststeuerung bezüglich Prozess- und Fachberatung, und der Klient bleibt trotz Expertise in einer gleichberechtigten Position.

3 Feldspezifische Konzepte

In diesem Kapitel werden bewährte Steuerungskonzepte für bestimmte Felder und Tätigkeiten aus dem Repertoire der Autoren und aus den Curricula des isb-Wiesloch dargestellt. Sie erheben nicht den Anspruch, repräsentativ zu sein, da, wie in Kapitel 1 ausgeführt, Konzepte und Zugangsweisen immer nur Beispiele sein können. Sie folgen keiner durchgängigen Logik, sondern einer pragmatischen Einteilung. Sie können zunächst zur Orientierung übernommen und dann ergänzt oder weiterentwickelt werden. Die Erläuterungen zu den Einteilungen machen die Fragen deutlich, für die diese Konzepte Orientierung geben. Auf diese Weise kann jeder eigene Orientierungsfähigkeit erwerben.

3.1 Fünf Kontexte der Problemdefinition im Coaching

3.1.1 Persönlichkeit
In diesem Problemkontext wird das Phänomen auf der Ebene der Persönlichkeitsentwicklung konzeptualisiert. Es werden Modelle herangezogen, die geeignet sind, Persönlichkeitsmuster oder -dynamiken zu beschreiben (Antreiberkonzepte, Scriptmuster, Grundpositionen, tiefenpsychologische Konzepte, »hysterische«, »paranoide Persönlichkeitsdynamik« usw.). Passend zu dieser Definition, würden eine oder mehrere Personen als unser primäres Klientensystem definiert.

Unsere professionelle Rolle wäre die eines Persönlichkeitscoachs, der versucht, das Erleben, Verhalten, Selbstverständnis und Selbstwertgefühl einer Person zu entwickeln, um ihr dysfunktionales Verhalten überflüssig zu machen.

Die Abklärung, ob diese Problemdefinition nützlich sein könnte, kann über die Frage erfolgen, ob das Problemverhalten rollen- und kontextspezifisch oder -unspezifisch auftritt.

3.1.2 Rollenidentität

Diese Ebene fokussiert das rollenspezifische Können der Klienten. Probleme würden hier als Hinweis auf einen Lernbedarf an rollenspezifischem Handlungswissen angesehen. Plausibel erscheint dieser Fokus, wenn Defizite einer bestimmten Rolle zugeordnet werden können.

Ein Klient kommt in Beratung, weil er zum Teamleiter berufen wurde und mit der neuen Rolle nicht klarkommt. Er war bereits vor Übernahme der Teamleitung Mitglied in diesem Team, war beliebt und kam mit allen Kollegen gut aus. Bei seinem Amtsantritt in der neuen Rolle hatte er gegenüber seinen Kollegen betont, dass er weiterhin auf das konstruktive Miteinander setzt und sich durch seine neue Rolle im Grunde daran nichts ändern wird. Nach einem halben Jahr in der neuen Rolle spürt er zunehmend, dass ihm bei getroffenen Entscheidungen der Vorwurf gemacht wird, er verhalte sich nicht mehr wie ein Teammitglied, sondern würde sich anmaßend über die Teammitglieder stellen. Dies empfindet er als schlimmen Vorwurf, gegenüber dem er sich rechtfertigt und in der Folge Entscheidungen häufiger als Teamprozess organisiert. Dies dauert oft sehr lange, wodurch sich Entscheidungsprozesse hinziehen, was ihm immer öfter von seinen Vorgesetzten zum Vorwurf gemacht wird. Und auch im Team meldet sich Unmut gegenüber dem Leiter, der von einigen Teammitgliedern als »entscheidungsschwach« bezeichnet wird.

In diesem Beispiel wird spürbar, dass die Probleme des Teamleiters eher nicht in der Persönlichkeit zu suchen sind. Jahrelang war er ein geschätzter Kollege und kam mit allen gut zurecht. Was ihm offensichtlich nicht gut gelang, ist der Übergang von der Rolle des Kollegen zur Rolle des Vorgesetzten. Viele berufliche Verstrickungen haben damit zu tun, dass es unterschiedliche Vorstellungen bezüglich des Ausfüllens einer bestimmten Berufsrolle gibt: Kollege, Teamleiter, Projektgruppenmitglied, Projektgruppenleiter, Koordinator, Abteilungsleiter, Dienstältester, Jüngster …

Im Coaching wird unter dieser Perspektive das rollenadäquate Verhaltensrepertoire erweitert. Wie verhalte ich mich angemessen meinem Vorgesetzten gegenüber, wie den zugeordneten Mitarbeitern, wie Mitarbeitern einer anderen Führungslinie, wie Kollegen auf derselben Hierarchiestufe? Rollenklarheit kann durch zunehmendes Sichbewusstwerden der unterschiedlichen Rollen sowie durch Einüben von angemessenen Inszenierungen – beispielsweise durch Rollenspiel – erfolgen.

3.1.3 Sachkompetenz

Im Rahmen eines Coachings benannte Probleme können immer auch mit dem Fehlen von Sachkompetenz zusammenhängen. So könnte es etwa sein, dass sich Stressphänomene auflösen, wenn fachliches Know-how erworben oder ein Sachkonflikt beigelegt wird. Menschen können unter Kritik von außen geraten oder Stress erleben, wenn sie sich von den Aufgaben, die an sie gestellt werden, wegen mangelnder Fachkompetenz überfordert fühlen.

In diesem Fall würde ein Berater fachliches Know-how vermitteln, den selbst gesteuerten Erwerb anregen oder aber den Klienten an entsprechende Trainings- bzw. Fachberatung weitervermitteln. Fragen wie »Tritt dieses Verhalten nur im Zusammenhang mit dieser besonderen Aufgabenstellung auf?« oder »Angenommen, ein Fachberater würde Sie beobachten oder unterstützen, wäre dann die Problematik verschwunden, oder gäbe es andere Anlässe?« können hier diagnostische Information liefern.

3.1.4 Interaktionsmuster

Auf dieser Ebene wird das präsentierte Problem des Klienten mit klassisch-systemischen Modellen betrachtet. D. h., es wird als zirkulär organisiertes Interaktionsmuster verstanden bzw. als Ausdruck von Wirklichkeitskonstruktionen des sozialen Systems. Dem Symptom wird eine Funktion im System unterstellt, und es kann nach aufrechterhaltenden Bedingungen für das Symptom gesucht werden.

Je nach Weite der systemischen Hypothesen wird ein Kollege oder Chef, ein Team oder eine Abteilung als relevantes Bezugssystem definiert. Mithilfe systemischer Methoden werden Interaktionsmuster und Wirklichkeitskonstruktionen in den Blick genommen, und es wird nach Möglichkeiten gesucht, Musterunterbrechungen zu bewirken.

3.1.5 Strukturelle Rahmenbedingung

In diesem Kontext werden Verhaltens- bzw. Kommunikationsphänomene im Zusammenhang mit den Strukturen einer Organisation betrachtet. Aspekte der Aufbau- und Ablauforganisation spielen hier eine entscheidende Rolle. Projektbeauftragte können etwa von ihren Auftraggebern nicht mit der nötigen Macht und Legitimation ausgestattet sein, sodass Macht und Verantwortung auseinanderfallen. Diagnostisch relevant wäre in diesem Zusammenhang die Information, ob andere Personen in diesem System die gleichen Probleme bekommen würden.

Ein Personalleiter einer Organisation wird in ein Coaching geschickt, damit er – nach Ansicht seiner Vorgesetzten – besseres Zeitmanagement erlernt. Ihnen fällt auf, dass er häufig an ihn gestellte Aufgaben nicht zum abgesprochenen Zeitpunkt erledigt. Im Coaching ergibt sich zunehmend das Bild, dass die gestellten Aufgaben von *einer* Person nicht zu erledigen sind. Die Personalabteilung ist personell viel zu schlank ausgestattet, auch Aufgaben, die von der fachlichen Herausforderung her von einem Mitarbeiter erledigt werden könnten, muss der Personalleiter selbst erledigen, weil seine Mitarbeiter keine Kapazitäten mehr haben, zusätzliche Aufgaben zu übernehmen. So verstrickt sich der Personalleiter in einer Fülle von Aufgaben und kann nur noch entscheiden, welche er verspätet erledigt. Interessanterweise favorisiert er selbst auch die Hypothese, dass er bei genügender Anstrengung und besserer Strukturiertheit die Anforderungen erfüllen könnte. Zunehmend erkennt er, dass er sich weit über die normale Arbeitszeit hinaus einsetzt, selbst am Wochenende Arbeit mit nach Hause nimmt und seine Familie sehr vernachlässigt.

> Das Coaching bekommt eine Wende, als er beginnt, mit seinen Vorgesetzten zu klären, welche Aufgaben er erledigen kann und welche warten müssen, und er nur noch Zielvereinbarungen trifft für das Leistbare. Parallel fordert er mehr Personal ein.

Auch wenn die verschiedenen Perspektiven im Kern auf deutlich unterschiedene Zusammenhänge verweisen, lassen sich die meisten Problemstellungen nicht befriedigend auf einer Ebene lösen. Probleme werden in der Regel durch mehrere Faktoren aus verschiedenen Kontexten mit unterschiedlicher Gewichtung aufrechterhalten.

3.2 Perspektiven der Teamentwicklung[1]

Bei der Suche nach Verbesserungsmaßnahmen für Teams geht unser gewohnheitsmäßiger Blick auf eine Verbesserung des Miteinanders. Atmosphärische Themen, klarere Kommunikation, konstruktiverer Umgang miteinander sind die dazugehörenden Stichworte. Dies hat auch historische Gründe, war doch die Gruppendynamik ein wichtiger Impulsgeber für die Arbeit in und mit Teams.

Im Sinne des Steuerungsmodells in der Teamentwicklung ist dies eine wichtige, wenn auch nicht die einzige Perspektive. Wir nennen diese Perspektive »beziehungsorientiert« und ergänzen sie um die »aufgabenorientierte« und »strukturorientierte« Perspektive. Die Grundidee hinter diesem Konzept lautet: Nicht immer, wenn ein Team nicht gut funktioniert, sind Beziehungsthemen dafür verantwortlich. Oft sind sie die Folge und nicht die Ursache. Zunächst soll die beziehungsorientierte, dann die aufgabenorientierte und zuletzt die strukturorientierte Perspektive erläutert werden.

In Teams arbeiten Mitglieder mit ganz unterschiedlichen Lebenserfahrungen zusammen, sie haben ganz unterschiedliche

---

1 Vgl. Schmid und Messmer (2003a, b).

Persönlichkeiten und Werthaltungen. Und nur selten verbleiben Teammitglieder ausschließlich in ihren Berufsrollen. Es bilden sich Freundschaften, die eventuell auseinanderbrechen, neue Verbindungen, manchmal Verliebtheiten (statistisch finden sich die meisten Paare im beruflichen Kontext) und Kränkungen.

3.2.1 Beziehungsorientierung

Die beziehungsorientierte Perspektive widmet sich diesen Themen. Es ergibt viel Sinn, mit Persönlichkeitsmodellen Sensibilität dafür zu erzeugen, warum die Teammitglieder ganz unterschiedlich »ticken«. Kommunikationsmodelle wie das »Vier-Schnäbelbzw. Vier-Ohren-Modell« von Schulz von Thun (2010a) können Klarheit verschaffen, auf welcher Ebene Botschaften gemeint sind und auf welcher Ebene sie möglicherweise entschlüsselt werden. Die Klärung von Beziehungsgeschichten hilft, wieder deutlicher aus der professionellen Rolle zu agieren. Wenn es in Teams nicht rundläuft und wir diese Themen als relevant identifizieren, dann schauen wir aus der beziehungsorientierten Perspektive auf Teams.

3.2.2 Aufgabenorientierung

Aber nicht alles, was uns als problematisch in Teams erscheint, sollte auf diese Perspektive reduziert werden. Um nachhaltige Verbesserungen zu erzeugen, kann es wichtig sein, neben der beziehungsorientierten Brille eine zweite zur Verfügung zu haben, die aufgabenorientierte. Es kann sehr erhellend sein, mit dieser Brille zu prüfen, welche Wirklichkeit uns damit in den Blick gerät.

Mit der aufgabenorientierten Perspektive überprüfen wir, ob die Spannungen im Team dadurch zustande kommen, dass es unterschiedliche oder unklare Vorstellungen davon gibt, welches der Auftrag des Teams ist. Dies bezieht sich sowohl auf Fragen der Zielerreichung als auch auf Fragen der Haltungen und Werte, aus denen heraus die Aufgabe zu erledigen ist. Gibt es unterschiedliche Vorstellungen davon, was wie im Team zu erreichen ist, können sich hieraus Spannungen entwickeln, die uns zwar als persönliche Vorbehalte und Streitigkeiten erscheinen, die aber unter der aufgabenorientierten Perspektive als Resultat unterschiedlicher konzeptioneller Vorstellungen erscheinen. So kann es in diesem Fall sinnvoll sein, sich über das gemeinsame Verständnis der Arbeit zu unterhalten, sich in Konzeptdiskussionen zu begeben und nach Konsens für ein gemeinsames Verständnis der Arbeit zu suchen. Ergebnis könnte sein, ein Paper zu entwickeln, in dem die Beschreibung der Aufgabe des Teams niedergelegt wird und auf das sich alle verständigt haben.

Es wird deutlich, wie sich die Perspektiven einerseits mischen, andererseits markante Unterschiede kennzeichnen. Auch bei aufgabenorientierten Themen erscheinen Schwierigkeiten als Beziehungsprobleme. Die divergenten Konzeptentwürfe werden meist auch zusätzlich durch unterschiedliche Persönlichkeitsmerkmale gespeist. So sind strukturierte Menschen auch im Verständnis der Arbeit meist konzeptionell anders verortet als die Kreativen. Auf einer praktischen Ebene hat die Unterscheidung von aufgaben- und beziehungsorientierter Perspektive jedoch sehr viel Sinn, da die Vorgehensweisen – Beziehungsklärung auf der einen, Konzeptionsarbeit auf der anderen – unterschiedlich sind.

3.2.3 Strukturorientierung

Schauen wir mit der strukturorientierten Brille auf ein Team, so erscheint uns eine dritte, bislang nicht berücksichtigte Wirklichkeit. Ausgangspunkt sind erneut Spannungen im Team, die ein Eintreten in die beziehungsorientierte Perspektive nahelegen.

Unter der Strukturperspektive erscheinen die Probleme jedoch als Mangel oder als unterschiedliche Interpretation der Teammitglieder bezüglich der wechselseitigen Zuständigkeiten und Verantwortungen. Sind sie ungeklärt oder nicht eindeutig, kann dies Teams zu Zerwürfnissen einladen. Die eine Person ärgert sich über eine andere, weil sie ständig Teile ihrer Arbeit nicht erledigt, während diese Person davon ausgeht, dass sie für diese Arbeit gar nicht zuständig ist. Suchen wir als Teamentwickler mit der strukturorientierten Brille nach Verbesserungen, so werden wir uns um Klärung der Zuständigkeiten und Abläufe bemühen. Meist müssen nicht die gesamten Abläufe im Sinne eines Qualitätsmanagement-Handbuches beschrieben werden, sondern nur diejenigen, die immer wieder Anlass zu Diskussion und Ärger geben.

Alle drei Perspektiven wurden bislang auf der horizontalen Ebene abgebildet. Sie verweisen aber auch auf die vertikale Ebene. Fragen der kollegialen Zusammenarbeit im Team sind meist mit Fragen der Führungsbeziehungen verknüpft. Manches lässt sich durch Führung viel besser regeln als durch Kooperationsabsprachen und umgekehrt. Auf allen drei Ebenen gibt es Herausforderungen, die nicht durch Diskussion und Konsensbildung im Team geklärt werden können.

Wenn sich unter beziehungsorientierter Perspektive ein Team über ein Mitglied beklagt, das aus der Sicht des Restteams seine Aufgaben nicht angemessen erledigt, so können eine Aussprache im Team und ein Klärungsversuch möglicherweise mehr wechselseitiges Verständnis erzeugen und den Konflikt entschärfen. Bleibt aber auf der Teamebene das Problem kontrovers und beklagt sich der Außenseiter über Mobbing bzw. das Team über unsolidarisches Verhalten, dann bedarf es der Führungskraft, die Verantwortung übernimmt und Entscheidungen trifft. Analog ist ein Team, das keinen Konsens über eine Konzeption bzw. über Abläufe findet, auf die Entscheidungshoheit des Vorgesetzten bzw. der Organisation angewiesen, wenn sich die Unklarheit auflösen soll.

Wenn das Problem nicht auf der Ebene des Teams geklärt werden kann, sondern als mangelnde Definitionsbereitschaft des Vorgesetzten identifiziert wird, kann die Lösung nicht bzw. nicht ausschließlich aus einer Teammaßnahme bestehen. Dann ist ein Wechsel der Beraterrolle vom Teamentwickler zum Coach erforderlich, und die Zielgruppe der Maßnahme verändert sich entsprechend vom Team zum Teamleiter bzw. Vorgesetzten.

3.3 Fünf Perspektiven auf Change-Prozesse

Blicken wir auf Veränderungsprozesse in Organisationen (vgl. Schmid u. Messmer 2003c), besteht angesichts der Vielzahl an Kontextbedingungen eine wesentliche Kompetenz darin, eine angemessene Komplexitätsreduzierung zu erlangen und gleichzeitig nicht in unproduktive Vereinfachungen zu geraten. Das folgende Modell soll dies erleichtern: Durch die fünf Perspektiven wird unsere Aufmerksamkeit auf zentrale Dynamiken gerichtet, die fast immer in Veränderungsprozessen relevant sind. Insofern schafft dieses Modell einen Rahmen, der Überblick und Orientierung geben soll.

3.3.1 System- und Personenqualifizierung

Die erste Perspektive, »System- und Personenqualifizierung«, lenkt den Blick auf das Zusammenspiel von Organisations- und Personalentwicklung. Veränderungsprozesse beginnen in der Regel mit dem Blick auf Strukturen, die an neue Herausforderungen angepasst werden müssen oder nach einer Phase organischen Wachstums geordnet werden sollen. In dieser Phase stehen neue Zuschnitte von Abteilungen und Hierarchien sowie Schnittstellen- und Ablaufklärungen an. Mit unserem systemischen Blick wollen wir dazu einladen, von Beginn an die Aufmerksamkeit von der Strukturebene auf die Implikationen auf der Ebene der »Human Resources« zu richten. Unter dieser Perspektive geht es nicht nur um die Frage, welche neuen Strukturen erforderlich sind, sondern auch, welche Veränderungen mit den vorhandenen Menschen möglich oder sinnvoll sind.

Nicht selten gibt es in Organisationen Qualifizierungswünsche von Mitarbeitern, die aus der individuellen Sicht nachvollziehbar sind, für die es aber nach vollzogener Qualifizierung in der Organisation keine Rollen gibt. Oder es gibt zwar Rollen, sie sind aber bereits von einer entsprechenden Profession besetzt. Dann kommt der jetzt neu qualifizierte Mitarbeiter mit dem Rolleninhaber in Konflikt, weil der sich als einzig zuständig fühlt und den Kollegen als Eindringling empfindet. In solchen

Fällen bewirkt die Qualifizierungsmaßnahme, die von der Organisation oft aus Gründen der Berücksichtigung von Mitarbeiterwünschen unterstützt wurde, auf allen Seiten Enttäuschung statt Zufriedenheit. Andererseits werden manchmal Strukturen geschaffen, die dem Selbstverständnis oder den Kompetenzen der vorhandenen Mitarbeiter widersprechen. Dann werden die neuen Strukturen, die eigentlich funktional sind, durch Nichtakzeptanz unterlaufen, und die Leistungsfähigkeit der Organisation ist geringer als zuvor.

Es geht also um personensensible Systemqualifizierung und systemintelligente Personenqualifizierung. Eine ganz banale Konsequenz wäre, dass Organisationen, in denen Personalentwicklung und Organisationsentwicklung auf unterschiedliche Menschen oder gar Abteilungen verteilt sind, von Beginn an gemeinsam an den Veränderungskonzepten arbeiten. Personalentwickler sind nicht nur Umsetzer für Organisationsentwickler, sondern Mitgestalter und umgekehrt. Für externe Berater, die einen Veränderungsprozess begleiten, bedeutet dies, die entsprechenden Fachleute in einem Gesamtdesign zusammenzuführen.

3.3.2 Orientieren und Qualifizieren

Die zweite Perspektive, »Orientieren und Qualifizieren«, zielt auf das Zusammenspiel von Führung und Personalentwicklung bei Veränderungsprozessen. Es genügt nicht, den Qualifizierungsbedarf aus den Veränderungen abzuleiten und Mitarbeitern entsprechende Trainings oder Schulungen zukommen zu lassen. Für den Erfolg der Schulungsmaßnahmen ist flankierend die Motivationslage der Mitarbeiter entscheidend. Diese Motivationslage kann die Schulung durch externe oder interne Trainer nur bedingt absichern. Hier ist Führung gefragt.

Jeder Trainer kennt die Situation, dass er auf Mitarbeiter trifft, die das Training eher absitzen, als dass sie mit Freude über den Lernzuwachs teilnehmen. Sie sind von der Sinnhaftigkeit der Veränderungen im Unternehmen nicht überzeugt. Der Trainer kann nun von seinem Konzept abweichen und über die positiven Gründe für die bzw. die Befürchtungen wegen der Veränderung

diskutieren, meist hat er aber weder die Entscheidung zu ver-
antworten, noch kennt er die maßgeblichen Interna, die zu den
Veränderungen geführt haben. Diese Situation verweist darauf,
dass bei dem Veränderungsprozess die Perspektive der Orientierung zu wenig berücksichtigt wurde. Möglicherweise konnten
die Mitarbeiter bislang nicht davon überzeugt werden, welche
Vorteile sie durch die Veränderung haben. Oder, falls sie eher mit
Nachteilen zu rechnen haben, sie sind nicht ausreichend informiert worden, warum die Nachteile der Veränderung geringer
sind als die Nachteile einer Nichtveränderung.

Orientierung zielt somit auf die Überzeugung der Mitarbeiter.
Überzeugungsarbeit ist originäre Führungsaufgabe. Umgekehrt
ersetzt Orientierung nicht Qualifizierung. Orientierung kann
Qualifizierung allerdings beflügeln und den Aufwand an Qualifizierung minimieren. Wird der Veränderungsprozess von einem
externen Berater begleitet, besteht dessen Aufgabe unter dieser
Perspektive, Führung in Bezug auf Orientierung angemessen in
das Veränderungsdesign einzubeziehen und maßgeschneiderte
Trainings zu empfehlen.

Es gibt noch einen zweiten Aspekt unter dieser Perspektive.
Der Erfolg von Veränderungen hängt auch davon ab, ob die
Neuerung nur proklamiert oder auch detailliert beschrieben
wurde. Wir sprechen hier mit Bezug auf die Theatermetapher
von Inszenierungs- bzw. Drehbucharbeit.

Wann beginnt der Auftritt der einzelnen Schauspieler, und
wann endet er? Wer ist außer ihnen noch auf der Bühne? Stim-
men die Kostüme? Passen sie zusammen? Was machen die an-
deren Schauspieler, während der Protagonist spricht? Passen die
Dialoge zusammen? Passen sie zu den jeweiligen Charakteren?
Was hat der Protagonist zu tun, während die anderen sprechen?
Ist das Bühnenbild abgestimmt mit der Handlung? Stimmt die
Beleuchtung?

Zurück in die Welt der Organisation. Wissen die einzelnen
Mitarbeiter, was sie nach der Veränderung wann und mit wem
anders zu machen haben? Sind die Schnittstellen und komple-
mentären Verantwortungen beschrieben? Gibt es an dieser Stelle

Orientierung, kann sehr gezielt qualifiziert werden. Und mancher Mitarbeiter vermag vor dem Hintergrund seiner Berufserfahrung seine neue Rolle auch ohne viel Zutun zu erfüllen. In der Theatermetapher gesprochen: Arbeit am Drehbuch erspart oft Schauspielunterricht.

3.3.3 Beraten und Führen

Die dritte Perspektive, »Beraten und Führen«, bezieht sich auf das Zusammenspiel von Beratern und Führung. Häufig werden externe Berater in Veränderungsprozesse einbezogen, weil die Führung die Notwendigkeit eines Wandels erkannt hat, selbst aber nicht die Ressourcen zur Verfügung hat, den Prozess zu steuern. Dabei besteht die Gefahr, dass Berater für Veränderungsprozesse Verantwortung übernehmen auch an Stellen, die sie aufgrund mangelnder Autorisierung nicht ausfüllen können. Berater können wegen nicht vorhandener Vorgesetztenfunktion keine Anweisungen geben. Ihr Einfluss besteht in Angeboten, Anregungen und Umsetzungsmöglichkeiten. Selten gibt es größere Änderungen ohne Dissens. An dem Punkt, an dem Veränderung gefordert wird, die nicht leicht auf Zustimmung stößt, muss Führung auf die Bühne. Um hier nicht zu scheitern, sollten Berater der Verführung falscher Bedeutung widerstehen und ein Design entwickeln, das Führung zwar ergänzt, sie aber an den entscheidenden Punkten einbezieht. Auch wenn dies für Führungskräfte eine zeitliche Zusatzbelastung darstellt, würdigt es sie zugleich in ihrer Funktion als Verantwortungsträger. »Inverantwortungnahme« von Führung, insbesondere, wenn versucht wird, sie zu vermeiden, ist eine eigene Kunst des Beraters, da er ohne hierarchische Macht auskommen muss.

Klärungen in der Perspektive »Führen und Beraten« hat in Veränderungsprozessen immer Bedeutung, unabhängig vom tatsächlichen Einbezug externer Berater. Plant die Managementebene einer Organisation einen Veränderungsprozess, so bewegt sie sich ebenfalls in dieser Dynamik. Das Management hat dann gleichsam beide Hüte auf, den Beratungshut und den Entscheidungshut. Keine Veränderung kommt zustande ohne

Diskussion und Überzeugungsarbeit, ebenso kann sie auf klare Ansagen nicht verzichten.

Wie wirbt die Führung für ihre Überzeugungen? Wie lange wirbt sie? Wann blockiert sie die Veränderung durch zu viel Diskussion? Wann durch zu wenig? In welchem Führungsrahmen wird diskutiert? Besonders viel Frustration entsteht in Organisationen, in denen zunächst zu offener Diskussion eingeladen wird, die Entscheidung aber bereits feststeht oder dann doch unabhängig von der Diskussion getroffen wird. Deshalb sind klare Aussagen darüber, welche Leitlinien Führung definiert, über die nicht diskutiert werden kann, und was von Mitarbeitern gestaltbar ist, von höchster Bedeutung. Wie viel Raum gibt die Führung für Überzeugungsarbeit, auch wenn die Veränderung selbst nicht diskutabel ist? Oder ist ein schnelles Umsetzen für den Erfolg das bessere Konzept?

Läuft der Prozess ohne Berater ab, ist er in diese Fragen selbstverständlich nicht eingebunden. Trotzdem sind sie für Beratung relevant, beispielsweise wenn eine Führungskraft beraten wird, die bezüglich ihrer Rolle in Change-Prozessen ein Coaching aufsucht.

3.3.4 Marktorientierung und Programmorientierung

Die vierte Perspektive, »Marktorientierung und Programmorientierung«, bezieht sich auf die Rolle der Personalentwicklung und der internen Beratung bei Veränderungsprozessen. Erstens arbeiten beide (Abteilungen) auftragsorientiert. Welche Anliegen in Bezug auf Human Resources auch immer auftauchen, die Personalentwicklung ist zuständig, oder es wird Beratung hinzugezogen. Das Risiko für diese internen Dienstleister besteht darin, profillos zu werden und ein vorwiegend reaktives Selbstverständnis zu entwickeln. Manchmal werden sie dadurch gar zum Refugium der humanistischen Perspektive in einem Unternehmen, in dem es sonst kalt und nach Marktgesetzen zugeht. Die Gefahr ist dann, dadurch bis zur politischen Bedeutungslosigkeit im Unternehmen zu schrumpfen.

Die Programmorientierung verweist, zweitens, auf die andere Möglichkeit: Entwicklung eines Konzeptes, wofür Personalentwicklung und interne Beratung stehen. Unter dieser Perspektive wäre – angelehnt an die Unternehmensziele – ein Konzept zu erarbeiten und ein entsprechendes Dienstleistungsportfolio anzubieten. Der Vorteil besteht darin, an Change-Prozessen aktiv und orientierungsgebend mitzuwirken; der Nachteil besteht darin, sich nicht länger auf die Pflege allein eigener Perspektiven zurückziehen oder sich hinter Aufträgen verstecken zu können.

In eine analoge Dynamik geraten Organisationen bei Veränderungen außerhalb. Auch sie müssen sich entscheiden, ob sie Marktveränderungen reflexhaft bedienen oder sich an einer Kerngeschäftsidee orientieren. Leicht können das spezifische Profil und das Know-how eines Unternehmens verloren gehen, wenn der Geschäftsbereich nur gemäß aktuell lukrativen Chancen durch den Markt driftet.

Drittens betrifft diese Dynamik auch externe Berater. Lehnen sie einen Auftrag ab, wenn er nicht ihrem Kerngeschäft entspricht? Zeigen sie Profil, wenn sie nicht von der Anfrage des Kunden überzeugt sind? Wie viel halten sie dagegen, wenn sie aufgrund ihrer Erfahrung ein anderes Vorgehen für richtig halten, als sich das der Kunde wünscht?

3.3.5 Bewährtes und strategische Neuerungen

Die fünfte Perspektive, »Bewährtes und strategische Neuerungen«, beschreibt die Herausforderung in Veränderungsprozessen im Hinblick darauf, eine angemessene Balance zwischen respektvollem Erhalt von Bewährtem und notwendiger Impulsgebung durch Innovation zu finden. Innovationsprozesse verführen dazu, eine Inflation an neuen Projektgruppen, Arbeitsgemeinschaften, Kick-offs zu generieren. Kommt dies zum operativen Alltag hinzu, entsteht leicht eine Müdigkeit gegenüber den zusätzlichen Aufgaben. Klug ausgewählte beispielhafte Maßnahmen erzeugen oft eher Lernen als flächendeckende Maßnahmen. Gute Beispiele binden nicht so viele Ressourcen und verlangen auch nicht den Einbezug aller, auch der Zögerlichen. Gute Beispiele geben Gelegenheit, experimentell zu lernen, und können dann Kristallisationspunkte für weitere kulturverändernde Wirkungen bilden. Pilotprojekte geben oft mehr Impulse als große Verkündungen. Systemtheoretisch gesprochen, werden durch gezielte Musteränderungen weitere Veränderungen in Gang gesetzt, wenn sie überzeugen und eine kritische Masse erreichen.

Auf der anderen Seite ist zu fragen, welche eingeführten Strukturen und Abläufe auch im Sinne der Innovation weiterhin genutzt werden können. Oft geht es nur darum, sie mit neuen Perspektiven anzureichern, statt sie abzuschaffen. Innovationsbestrebungen entstehen häufig in einer Krise. In dieser Situation entsteht leicht eine Dynamik, das Bisherige abzuwerten. Jedoch ist die Veränderungsbereitschaft von Menschen meist höher, wenn das Gute ihres bisherigen Tuns gewürdigt wird.

3.4 Fünf Perspektiven auf Führung

Im Folgenden werden fünf Führungsdimensionen vorgestellt. Jede Dimension wird durch zwei Pole verkörpert, die nur scheinbar Gegensatzpaare darstellen. Bei genauerer Betrachtung lassen sie sich jeweils durch ein Sowohl-als-auch verbinden. Das Wertequadrat nach Schulz von Thun (2010b) würde sie als »Wert« und »Gegenwert« bezeichnen, die bei einseitiger Berücksichtigung auch die Form »negativer Übertreibungen« annehmen können. Für den Berater bieten diese Dimensionen eine Orientierung hinsichtlich dessen, welche Fähigkeit die Führungskraft eher ausgebildet hat und worin gegebenenfalls Ergänzungsbedarf entsteht.

3.4.1 Steuern versus Selbstorganisation

»Steuern versus Selbstorganisation« als erste Dimension thematisiert die Fähigkeit der Führungskraft, sowohl Verantwortung zu übernehmen und Vorgaben zu machen als auch delegieren zu können und die Eigenverantwortung von Mitarbeitern zu fördern. Als Berater kann ich mich fragen, ob die Führungskraft sich eher an dem Modell orientiert, »alle Fäden in der Hand zu halten« und die Organisation und die Mitarbeiter zu lenken, oder ob sie sich eher darauf verlässt, dass die Selbstorganisation und die Eigendynamik der Organisation die anstehenden Herausforderungen selbst lösen. In moderneren Managementtheorien ist ein Wandel von eher auf Steuerung und Kontrolle basierenden Ideen hin zu Modellen der Selbstorganisation und der Unmöglichkeit der Steuerung sozialer Prozesse zu verzeichnen. Im Lichte des hier vorgestellten Konzeptes sind dies Scheinalternativen. Gelungene Führung ergibt sich erst aus einer kontextangemessenen Balance beider Pole.

Für den Berater lässt sich anhand dieser Dimension möglicherweise erkennen, auf welcher Seite der Klient eher einer Ergänzung bedarf. Hierzu ein Beispiel.

Eine Führungskraft kommt in ein Coaching, weil im Team seit längerer Zeit ein Konflikt unter den Mitarbeitern schwelt. Ein Mitarbeiter geriet ins Abseits und wurde heftig von seinen Kollegen attackiert, angeblich weil er zu wenig Engagement einbrachte und seine Arbeitsergebnisse auf Kosten höheren Einsatzes seiner Kollegen erzielte. Er selbst sprach von Mobbing und fühlte sich nicht angemessen beurteilt. Die Führungskraft forderte das Team mehrfach auf, den Konflikt endlich zu lösen, und appellierte an die geforderte Teamfähigkeit, die jeder mitzubringen habe. Nachdem dies nicht gefruchtet hatte, wurde ein Teamentwickler engagiert. Aber auch diese Maßnahme erbrachte keine Lösung. Erst als die Führungskraft im Coaching Impulse aufgriff, sich selbst ein Bild zu machen, um entweder die Mitarbeiter angesichts unberechtigten Mobbings zu stoppen oder bei dem Außenseiter erhöhte Leistung einzufordern, kam Bewegung in das Team und konnte eine Lösung gefunden werden. Auf Betreiben der Führungskraft wurde der Mitarbeiter in eine andere Abteilung versetzt mit der klaren Maßgabe, dies als letzte Chance zu verstehen und mehr Leistungsbereitschaft und Sensibilität für die Reaktionen der Teammitglieder zu zeigen.

In diesem Beispiel hatte die Führungskraft die Verantwortung für die Lösung des Teamkonflikts an das Team zurückgespielt. Die Beteiligung des Teams bei Entscheidungen entsprach der

Grundhaltung dieser Führungskraft, wofür sie von dem Team auch sehr geschätzt wurde. Allerdings war das Abgeben der Verantwortung in dieser Situation nicht hilfreich. Die Herausforderung für die Führungskraft hatte in diesem Fall darin bestanden, entgegen ihrer gewohnheitsmäßigen Lösungssuche Verantwortung zu übernehmen, da nur sie als Führungskraft autorisiert ist, Verhalten zu beurteilen und entsprechende Konsequenzen auszusprechen. Natürlich ist ebenso der umgekehrte Fall denkbar, dass eine Führungskraft zu viel kontrolliert, was die Mitarbeiter zu stillem Rückzug veranlasst, wodurch sich die Führungskraft bestätigt fühlt, verstärkt zu kontrollieren.

Einseitig auf Kontrolle zu setzen birgt die Gefahr der Verweigerung der Mitarbeiter, während einseitiges Setzen auf Selbststeuerung das Risiko beinhaltet, sich als Führungskraft der Verantwortung zu entziehen. Generell ist es sinnvoll, mit solchem Führungsverhalten zu agieren, das als Modell für den gewünschten Effekt dienen kann.

3.4.2 Taktik versus Authentizität

Die zweite Dimension, »Taktik versus Authentizität«, erscheint zunächst widersprüchlich, stellt jedoch auch Pole einer Dimension von Führungskompetenz dar, die im alltäglichen Handeln von Führungskräften gleichermaßen wichtig ist. Wieder frage ich mich als Berater einer Führungskraft, ob die Kernkompetenz meines Klienten eher im Bereich »taktisches Geschick« oder eher im Bereich »ehrliche Haut« liegt und wo entsprechend Ergänzungsbedarf besteht. So hoch der Wert von Authentizität auch eingeschätzt werden mag, im Kontext von Führung ist die unhinterfragte Authentizität häufig nicht hilfreich. Andererseits fehlt rein taktischem Vorgehen angesichts des Mangels einer persönlichen und emotionalen Note die Überzeugungskraft.

Ein Chef empfindet es als persönliche Missachtung, wenn seine Mitarbeiter mit Leistung und Arbeitszeit »großzügig« umgehen, sobald er keinen direkten Einblick hat. Nun kann er authentisch mit seinen Gefühlen umgehen, diese Enttäuschung zum Ausdruck bringen und zu mehr Leistungsbereitschaft als Ausdruck von persönlichem Respekt aufrufen. Zwar wäre das für ihn authentisch, offenbart aber eher eine Verschiebung von Geben und Nehmen im Kontrakt mit der Organisation auf eine persönliche Ebene. Ein taktisches Vorgehen, bei dem einmal wöchentlich ein Report über Zeitaufwand und Arbeitsfortschritte vereinbart wird, würde hier vermutlich mehr bringen und für alle die richtige Ebene der Auseinandersetzung markieren.

In diesem Zusammenhang kann die Theorie des radikalen Konstruktivismus (welche die Wirklichkeit als vom Beobachter konstruiert betrachtet) für Führungskräfte sehr hilfreich sein. Wenn es mehrere »Wahrheiten« und Ebenen der Wirklichkeitsbeeinflussung gibt, kann sich die Führungskraft fragen, mit welcher Sichtweise sie den Mitarbeiter/das System anregen kann, sich gemäß den von ihr vorgegebenen Zielen zu verhalten.

3.4.3 Partnerschaft versus Chefposition

»Partnerschaft versus Chefposition« als dritte Dimension beschreibt zwei Qualitäten, die für Führungskräfte nützlich sind, aber meist nicht gleichermaßen zur Verfügung stehen. Führungskräfte gewinnen, wenn sie Mitarbeitern auf Augenhöhe begegnen, und verlieren, wenn Mitarbeiter den Eindruck gewinnen, dass Vorgesetzte bedürftig nach Anerkennung sind und ihr Verhalten als Anbiedern erlebt wird. Umgekehrt schätzen sie es, wenn der Chef autonom denkt und Entscheidungen treffen kann, auch wenn nicht alle zustimmen, und gehen auf Distanz, wenn der Chef arrogant wirkt und sie das Gefühl haben, dass er von oben auf sie herabschaut, oder sie das Gefühl haben, dass er aus Angst vor Autoritätsverlust nicht auch mal ganz locker mit jedem sprechen kann.

Oft gehen junge bzw. neue Führungskräfte in Leitungsposition mit dem Vorhaben, ein anderer, kollegialerer Chef zu werden, als sie ihre eigenen Chefs selbst erlebt hatten. Diese Haltung beginnt spätestens dann zu wanken, wenn sie Erfahrungen machen, in denen sie sich als der wohlwollende Chef ausgenutzt fühlen. Dann besteht die Gefahr, dass die wertschätzende Haltung Mitarbeitern gegenüber in Bitterkeit umschlägt. Vorteilhafter ist eine Haltung, die zunächst die Chefposition klar unterstreicht, während sie diese Position im alltäglichen Handeln eher weicher interpretiert. Kontextmarkierungen, wann es sich um ein kollegiales Gespräch und wann es sich um ein Gespräch zwischen Vertretern unterschiedlicher Hierarchieebenen handelt, helfen, diese Position abzusichern.

3.4.4 Anerkennung versus Kritik

Mit der vierten Dimension, »Anerkennung versus Kritik«, kann sich der Berater einer Führungskraft fragen, ob sie eher dazu neigt, ihren Mitarbeitern Bestätigung zukommen zu lassen, während ihr kritisches Feedback eher schwerfällt, oder ob sie Unzufriedenheit mit der Leistung deutlich zum Ausdruck bringt, gute Leistungen als Selbstverständlichkeit voraussetzt und eher sparsam mit Anerkennung umgeht.

Der Alltag in Organisationen verführt eher dazu, die guten Leistungen von Mitarbeitern als selbstverständlich hinzunehmen. Die Zeit für ein Gespräch, in dem die Zufriedenheit mit dem Mitarbeiter ausgesprochen wird, ist aber gut investiert. Mitarbeiterbefragungen zeigen, wie wichtig die Rückmeldung für die Motivation der Mitarbeiter ist.

Umgekehrt neigen viele Führungskräfte dazu, Unzufriedenheit Mitarbeitern gegenüber erst verspätet, mit Ärger versehen oder eher Dritten gegenüber auszudrücken. Wenn aber gegenüber Mitarbeitern mit wenig Engagement oder gar unkollegialem Verhalten keine Rückmeldung erfolgt, demotiviert dies die engagierten Mitarbeiter, da sie erfahren, dass wenig Engagement gegenüber hohem Einsatz keine unterschiedlichen Auswirkungen hat.

Eine Führungskraft, die nach dem Motto »Nicht gescholten ist gelobt genug« erzogen wurde und entsprechend mit sich selbst umgegangen ist, reagierte im Coaching anfänglich irritiert, als der Coach ihre Stärken spiegelte und Erreichtes würdigte. Sie vermutete darin die Vorrede zu einer fundamentalen Kritik. Erst als diese Kritik ausblieb und sie die allgemein und spezifisch bestärkende Wirkung erlebte und zuließ, entstand der Impuls, ihren Mitarbeitern dasselbe zukommen zu lassen. Neu war außer der Verbesserung des Klimas, dass jeder sich zunehmend über seine bisher als selbstverständlich genommenen Stärken klar wurde und sie anderen auch viel ausdrücklicher anbieten konnte. Dadurch wurde auch das Interesse an Kritik höher, weil sie nun als Chance, eigene Stärke zu verbessern, erlebt werden konnte.

3.4.5 Vision versus operative Nähe

»Vision versus operative Nähe« als letzte Dimension verweist auf den Spagat, den Führungskräfte leisten müssen, indem sie einerseits den Arbeitsvollzügen ihrer Mitarbeiter nahe genug sind und andererseits genügend Distanz und Überblick haben. Letzteres ist erforderlich, will man jenseits der operativen Fachkompetenz Motivation erzeugen – nach dem Motto: »Willst du lehren, wie man ein Schiff baut, dann lehre die Sehnsucht nach dem Meer.« Es geht um die Motivation, die Vision, darum, weshalb es Sinn ergibt, in dieser Organisation mit diesem Team an dieser Aufgabe zu arbeiten. Zugleich schätzen es Mitarbeiter wenig, wenn ein Vorgesetzter unablässig Ideen zu zusätzlichen Projekten schmiedet und die Sorgen des Alltagsgeschäftes überhört.

Deshalb ist die andere Seite, die Nähe zu den Themen der Mitarbeiter, ebenso wichtig. Ganz ohne Fachexpertise geht es nicht, will man das nötige Verständnis für den Arbeitsalltag aufbringen und von Mitarbeitern ernst genommen werden. Das Alltagsgeschäft kann allerdings auch die gesamte Energie von Führungskräften mühelos absorbieren. Obwohl es zu einer Kernaufgabe von Führung gehört, Orientierung durch Zukunftsperspektiven zu geben, wird diese Dimension häufig vernachlässigt. Der übervolle Schreibtisch gilt als Legitimation für das unterlassene Zukunftsdenken und ein eher planloses Agieren.

Eine Führungskraft wurde, als der Chef in Ruhestand ging, zum Teamleiter berufen, da sie über hervorragende Fachkompetenzen verfügte und der beste Mitarbeiter der Abteilung war. In der neuen Rolle verstand er seine Aufgabe darin, seine Mitarbeiter anzuleiten, fachlich optimale Leistungen zu erbringen. Alle Arbeitsergebnisse passierten seinen Schreibtisch, und kaum eine Vorlage genügte seinen fachlichen Ansprüchen. Entweder er gab die Vorlage dem Mitarbeiter, mit Anweisungen versehen, welche Veränderungen vorgenommen werden müssten, zurück, oder er überarbeitete selbst und gab dem Mitarbeiter Rückmeldungen über die mangelhafte Form seiner Arbeit. Zweifellos schätzten die Mitarbeiter die Kompetenz der Führungskraft, aber die Stimmung wurde zunehmend von Unzufriedenheit und Resignation geprägt. Die Mitarbeiter erlebten sich vorwiegend als defizitär, und ihre Motivation und Einsatzbereitschaft sanken, weil sie den Eindruck hatten, dass sie es ohnehin nicht recht machen konnten. Außerdem ging ihnen die größere Perspektive verloren, vor der ein angemessener Perfektionsgrad einsichtig oder relativierbar wurde.

3.5 Perspektiven der Supervision

In der Supervision von Beratungsanliegen ist aus der Sicht der Steuerung zu beachten, dass eine doppelte Auftragslage vorliegt. Einerseits muss gefragt werden, was der Supervisand von seinem Supervisor möchte. Zugleich muss der Supervisor beachten, was der Klient von seinem Berater (der uns als Supervisand gegenübersitzt) möchte. Das Anliegen des Supervisanden gegenüber dem Supervisor hat Vorrang. Aber da sich die Supervision auf Dienstleistungen bzw. die Kompetenz zu Dienstleistungen bezieht, sind diese Dienstleistungen im Supervisionsprozess mitzudenken, auch wenn zeitweilig der Supervisand und die Supervisionsbeziehung ganz im Vordergrund stehen.

In der Supervision selbst kann das Anliegen des Supervisanden, bezogen auf unterschiedliche Perspektiven, behandelt werden.

3.5.1 Ebene des (Beratungs-)Klienten

Geht man von der Bereicherung für den Klienten des Supervisanden aus, dann ist es wichtig, dessen Welt und dessen Bezüge zu verstehen. Auf dieser Ebene beachten wir, welche Themen bei dem Klienten aktiviert sind, welche Wirklichkeiten sich auf seiner Seite im Beratungsprozess bisher ergeben haben und welche zusätzlichen sich konstruieren lassen. Wir erarbeiten Hypothesen zu der Problemlage des Klienten auf den Ebenen seiner aktuellen Inszenierungen, seiner »Hintergrundbühnen« und auf der Ebene seiner Lösungsvarianten, die bislang betrachtet wurden bzw. neu sein könnten.

Welche Muster werden im Klientensystem sichtbar? Welche Grundthemen werden sichtbar, die der Klient mit immer neuen Inhalten zur Aufführung bringt? Wie ist das Problem des Klienten in sein soziales System eingebunden? Was könnten die guten Gründe des Klienten sein, das Problem bislang nicht gelöst zu haben? Welche Bedeutung könnte das Problem für den Klienten haben, wenn wir uns seine Lebensgeschichte betrachten? Inwiefern übersieht der Klient eigene Kompetenzen? Welche könnten zur Bewältigung relevant sein und mehr in sein Bewusstsein gerückt werden? Wo hat der Klient bei der Bewältigung seines Problems bereits Fortschritte gemacht, und wie ist ihm das gelungen? Welche Klientenwirklichkeiten zeigen sich durch die Schilderung des Supervisanden, und wie könnten diese Wirklichkeiten weitere gute Entwicklungen nehmen?

3.5.2 Ebene der Beratung

Die »Ebene Berater/Klient« fokussiert die Muster, die sich im Beratungsprozess zwischen Klient und Supervisand entwickelt haben. Es geht um die Interaktion zwischen Klient und Berater.

Wozu lädt der Klient seinen Berater ein, und wie reagiert der Berater auf diese Einladungen? Wie agiert der Berater, und welche

Interventionen hat er bislang eingebracht? Wie reagiert der Klient auf diese Anregungen? Welche Beratungswirklichkeit ist entstanden, und welche guten Entwicklungen könnte sie nehmen?

3.5.3 Ebene des Beraters

Bei der »Ebene des Beraters« geht es um die persönlichen und professionellen Besonderheiten des Supervisanden. Klienten regen in Beratern Bilder an, erinnern sie an eigene Themen, an diejenigen von Menschen, die ihnen nahestehen oder nahestanden, oder an Klienten, denen sie auf ihrem professionellen Weg begegnet sind. Aus diesem Reservoir schöpfen sie ihre guten Ideen, aber dieses Reservoir verstellt ihnen auch manchmal den Blick für alternative Sichtweisen. Je näher sie der eigenen Wirklichkeit kommen, umso mehr setzen sie emotionale Prozesse auch beim Berater in Gang.

Welche Themen sind auf der inneren Bühne des Supervisanden aktiviert, wenn er mit diesem Klienten in Kontakt ist? Gibt es persönliche Themen des Beraters, die reflektiert oder unreflektiert in den Prozess einfließen? Welches sind seine persönlichen »Aktien« in dem Prozess?

3.5.4 Ebene des Beratungskontextes

Auf der »Ebene Beratungskontext« blicken wir als Supervisor auf die Rahmenbedingungen, in denen die Beratung stattfindet. Falls der Berater angestellt ist, interessiert uns, was in der Organisation gespielt wird, auf das er gegebenenfalls im Rahmen seiner Beratungstätigkeit reagiert. Angestellte werden bezahlt, damit sie bestimmte Erwartungen der Organisation erfüllen. Wir fragen danach, ob diese Erwartungen und, wenn ja, welche einen Einfluss auf das Beratungsgeschehen haben.

Gibt es Interessen der Organisation, die in dem Beratungsprozess eine Rolle spielen? Wie schauen Kooperationspartner oder das Team auf den Beratungsprozess? Wird über die Klienten im Team gesprochen? Gibt es einzelne Kollegen, die den Prozess mitverfolgen, wenn ja, mit welcher Gesinnung? Ist der Berater aktuell mit seinem Chef in einer Auseinandersetzung, die ihn

beispielsweise unter besonderen Druck bezüglich des Beratungs-
erfolges setzt? Erwartet der Klient etwas von dem Berater, das
durch den offiziellen Auftrag, den ihm die Organisation erteilt
hat, nicht abgedeckt ist, wodurch er unter Druck gerät?

Auch wenn der Supervisand selbstständig sein sollte, gibt
es relevante Kontextbedingungen, wenngleich sie oft weniger
offensichtlich sind bzw. weniger Einfluss nehmen. Wir blicken
beispielsweise auf mögliche Überweiser, die Erwartungen gegenüber dem Berater hegen. Freiberufler stehen oft den Marktdyna-
miken näher als Angestellte. Unter der Perspektive des Kontex-
tes interessiert uns, ob im Zusammenhang mit dem Erfolg der
Beratung dieses Klienten spezifische Marktinteressen verbunden
sind. Möglicherweise schauen auch Vertreter eines Netzwerkes,
in das der Berater eingebunden ist, auf den Prozess.

3.5.5 Ebene der Supervision

Schließlich betrachten wir auf der »Ebene Supervisor/Supervi-
sand« die aktuelle Dynamik, die sich im Supervisionsprozess
selbst entwickelt. Es können sich Muster aus dem Setting des
Beraters im Supervisionssetting widerspiegeln. Balint (2001)
nutzte diese »Musterübertragung« bereits als Instrument seiner
Supervisionen. Sprechen wir beispielsweise über einen depressi-
ven Klienten, sehen wir vor uns mit hoher Wahrscheinlichkeit
eher eine nachdenkliche und schwere Atmosphäre zwischen
Supervisand und Supervisor, sprechen wir über ein Streitpaar,
sehen wir vor uns eher eine deutlich belebte und kontroverse
Dynamik. Eine solche Perspektive sollte zugleich nicht überhöht
werden. Ist beispielsweise der Berater mit seinem Supervisor
unzufrieden, so ist es eher hilfreich, wenn Letzterer neben der
Rückführung auf Klientendynamiken auch die Möglichkeit of-
fenhält, dass eine Passung zwischen ihm und dem Supervisanden
aus anderen Gründen nicht gelungen ist. Spielt sich allerdings
zwischen Klient und Berater eine analoge Abwertungsdynamik
ab, so kann der Umgang des Supervisors mit dieser Dynamik
in der Supervision – indem er beispielsweise die Abwertung
des Supervisanden als verständliche Reaktion auf die Abwer-

tung durch den Klienten rahmt – wie eine Blaupause für den Supervisanden im Umgang mit seinem Klienten beispielsweise dadurch genutzt werden, dass er die Abwertung des Klienten als verständliche Reaktion auf dessen als kränkend erfahrene Lebenssituation versteht.

Wie gestaltet sich der Supervisionsprozess, und inwiefern spiegeln sich in der Supervision Muster aus dem System Berater/Klient? Weitet man die Betrachtung auf die Klientenwirklichkeit aus, so kann man manchmal einen beachtlichen Puppe-in-der-Puppe-Effekt beobachten. Wie reagiert der Supervisand auf den Supervisor, und ähneln diese Reaktionen denen des Klienten auf den Supervisanden? Welche Gefühle entstehen im Supervisor gegenüber dem Supervisanden, und was davon könnten wichtige Aussagen über die Beziehung des Supervisanden zu seinem Klienten sein?

Dennoch sei noch einmal vom Überstrapazieren von Parallelbetrachtungen gewarnt. Selbst wenn eine Parallelprozesshypothese plausibel ist, heißt das noch lange nicht, dass sie auf der jeweiligen Ebene als wichtiger Fokus gelten kann. Hier liegt manchmal die Kunst in der Unterschiedsbildung.

3.5.6 Ebene des Supervisionskontextes

Auf der »Ebene Supervisionskontext« schauen wir auf den Kontext, in den eine Supervision eingebettet ist. Will der Supervisand sich über die Supervision in ein bestimmtes Licht setzen? Will er z. B. über den Supervisor oder die Supervisionsumgebung an Aufträge kommen oder sich dem Supervisor loyal zeigen etwa bezüglich eines Richtungsstreites im Verband, dem beide angehören? Welche anderen Bezüge des Supervisors werden durch die Supervision, ihr Ergebnis oder ihren Verlauf berührt?

3.5.7 Spezielle Perspektiven

Die nachfolgenden Perspektiven spielen nur eine Rolle, wenn im Supervisionsprozess spezifische Sonderbedingungen erfüllt sind.

Die erste Zusatzperspektive, die »Ebene Berater/Kostenträger«, ist gegeben, wenn die Beratungsdienstleistung des Supervisanden weder vom Klienten noch vom Arbeitgeber finanziert wird. Gibt es einen separaten Kostenträger, stellt sich die Frage, wie der Berater in das System der Refinanzierung seiner Dienstleistung eingebunden ist. Dann existiert ein Dreiecksvertrag, und die Erwartungen des Kostenträgers können den Beratungsprozess beeinflussen.

Sind die Erwartungen des Kostenträgers offen gegenüber dem Berater und seinem Klienten? Wurde der Kostenträger gegebenenfalls in die Beratung eingebunden? Hat er seine Erwartungen offen formuliert, oder sind sie dem Berater gegenüber offen, nicht aber dem Klienten? Gibt es eine Ebene des Kontakts zwischen Klient und Kostenträger? Erwartet der Kostenträger Rapport vom Berater, und weiß der Klient davon?

Die zweite zusätzliche Ebene, die »Ebene Supervisor/Auftraggeber«, ist gegeben, wenn der Supervisor nicht von dem Supervisanden, sondern von dessen Organisation oder einem sonstigen Dritten finanziert wird. Dies kann sowohl den Supervisor irritieren, beispielsweise wenn er von dem Kostenträger beauftragt wird, dem Supervisanden bestimmte Hinweise zu geben, von denen dieser nichts weiß. Es kann aber auch den Supervisanden irritieren, beispielsweise wenn er vermutet, dass sich der Kostenträger beim Supervisor über die Einschätzung der Qualität seiner Arbeit erkundigt. Natürlich wäre es eine unprofessionelle Supervision, wenn sich ein Supervisor auf derartige Dialoge einließe. Aber nicht immer hat der Supervisor alles getan, um die Bedenken des Supervisanden zu zerstreuen, bzw. der Supervisand kann trotz dieser Klarstellung des Supervisors an der Gültigkeit dieser Aussagen zweifeln.

Gibt es Aufträge und Erwartungen der Organisation an den Supervisor? Wie spielen sie in den Supervisionsprozess hinein? Sind diese Erwartungen dem Supervisanden transparent? Wie ist die Kommunikation zwischen Supervisor und dem Kostenträger organisiert? Ist der Supervisand eingebunden? Gibt es eine Kommunikationsebene von Supervisand und Kostenträger, und wie ist der Supervisor über diesen Austausch informiert?

3.6 Rückblick

Rückblickend auf Kapitel 3, »Feldspezifische Konzepte«, kann man feststellen, wie komplex Beratung und die in ihr zu berücksichtigenden Wirklichkeiten sein können. Man erkennt leicht, dass ein Beratungsansatz, der sich auf Teilperspektiven beschränkt oder sich aus bestimmten Schulen mit dort dominanten Welt- und Menschenbildern speist, leicht zu kurz greifen kann. Denn schon allein die dargestellten beispielhaften Handlungsdimensionen und Vorgehensweisen können für Ungeübte als hohe Anforderung erlebt werden. Wie also kann man sich wieder Vereinfachung erlauben und dennoch ohne Scheuklappen auskommen? Die beschriebenen Ebenen sollen kein Gerüst darstellen, das man sich immer gegenwärtig halten muss. Es genügt sicherzustellen, dass sie nicht grundsätzlich ausgeblendet werden und man eine Idee davon bekommt, worum es geht. Dann kann man bei Bedarf darauf zugreifen und hat für kollegiale Diskussionen einen Verständigungsrahmen.

4 Steuerungskonzepte höherer Ordnung

4.1 Einführung

Allgemeingültige Definitionen von Ebenen oder Bereichen systemischer Steuerung gibt es nicht. Konzepte repräsentieren immer geronnene Erfahrungen und Arten, sie zu beschreiben. Dies gilt für Einteilungen ebenso. Sie haben mit den Vorlieben der Autoren zu tun, die wiederum in ihren Kontexten zu sehen sind. Insofern repräsentieren die hier vorgestellten Konzepte, ihre Einteilung und Zusammenstellung zu einem Bouquet die Erfahrungen von Andreas Kannicht aus seiner Praxis und Lehre auch im klinischen Feld ebenso wie Bernd Schmids Erfahrungen, in der jüngsten Zeit vorrangig aus der Beratung von Professionellen und Organisationen, wie auch Erfahrungen aus den Curricula für Professionelle im Organisationsbereich am isb.

In Kapitel 2 und 3 wurden verschiedene Perspektiven, damit verbundene Haltungen, Fokussierungen und Vorgehensweisen, wie sie sich praktisch bewährt haben, dargestellt. Neulinge im systemischen Feld und in der Beratung können dadurch eine erste Orientierung bekommen. Erfahrene können ihre eigene Praxis damit abgleichen und über eventuelle Unterschiede sinnieren. Dabei geht es nicht darum, Unterschiedlichkeiten gegeneinanderzustellen, sondern die eigenen Positionen zu reflektieren, denn: »Die Begegnung mit den Andersartigen dynamisiert die Eigenart« (Rupert Lay).

Hier in Kapitel 4 geht es um weitere pragmatische Konzepte, die meisten aus dem Repertoire des isb. Der Anwendungsaspekt wird hier nicht breiter ausgeführt, sondern es wird eher überlegt, welche Sichtweisen damit eingeführt werden und welche Verständnisse von Mensch, Organisation, welche professionellen Selbstverständnisse, Feldzugänge und Kompetenzen damit betont werden.

Zunächst werden mithilfe der *Metapher von den drei Schwänen* einige Überlegungen zu Steuerungskonzepten auf verschiedenen Ebenen angestellt.

Dann werden verschiedene Steuerungskonzepte, wie sie sich bei der Schulung von Professionellen bewährt haben, beispiel- und skizzenhaft zusammengestellt. Dabei greifen wir auf früher veröffentlichte Texte zurück und verweisen auf die entsprechenden Publikationen, in denen diese Konzepte ausführlich dargestellt wurden.[2]

4.2 Die drei Schwäne

Bevor wir uns nun Steuerungskonzepten höherer Ordnung zuwenden, sollen die verschiedenen Ebenen von Steuerungskonzepten noch einmal deutlich werden.

Zunächst die Anekdote zur Metapher der drei Schwäne.

Tünnes fragt *Schäl*, was er sich wünschen würde, wenn er einen Wunsch frei hätte.

Schäl wählt, ein Schwan zu sein, weil es schön ist zu fliegen.

Daraufhin meint Tünnes, er würde eher wählen, zwei Schwäne zu sein: Dann könnte er als der erste Schwan fliegen und dies genießen und sich gleichzeitig als der zweite Schwan dabei zusehen und auch dies erleben.

Davon inspiriert, entscheidet sich Schäl dafür, lieber drei Schwäne zu sein: Dann könnte er, wie Tünnes, als erster Schwan fliegen und dies genießen und als zweiter Schwan dem ersten beim Fliegen zusehen und dies erleben.

Zusätzlich könnte er jedoch als dritter Schwan dem zweiten zusehen, wie dieser dem ersten beim Fliegen zusieht, und so auf allen drei Ebenen bewusst erleben und genießen.

---

2 Über die Suchfunktion von www.isb-w.eu können mithilfe der Überschriften solche weiterführenden Texte zum kostenlosen Download leicht gefunden werden.

Das Bild der drei Schwäne wird am isb oft mit drei Steuerungsebenen in Verbindung gebracht: Sie stehen für Praxis, operative Programme und Metaperspektiven.

Nehmen wir als Softwaremetapher das Präsentationsprogramm PowerPoint.

Praxis wäre das, was man mit PowerPoint praktisch tut. Man muss dafür einige Anwendungen lernen. Solange man das quasi durch praktische Aneignung versucht, bleibt man auf der »Ebene Praxis«.

Will man PowerPoint als Programm besser verstehen und die verfügbaren Varianten, die bestimmte Arten der Präsentationserstellung erlauben, von ihrer Logik her verstehen, begibt man sich auf die »Ebene operative Programme« (oder die Ebene der Steuerungsprogramme erster Ordnung). Dann kann man bewusst Varianten wählen, die bestimmte Darstellungen erlauben und andere nicht. Diese Varianten, bezogen auf den Darstellungsinhalt, richtig zu nutzen ist dann wieder eine Frage der Praxis.

Überlegt man, welche Art von Wirklichkeiten man unabhängig vom Medium erzeugen will und inwiefern sich PowerPoint in seinen verfügbaren Varianten dafür eignet oder ob nicht andere Präsentationsprogramme die gewünschten Wirklichkeiten besser erzeugen und darstellen könnten, dann begibt man sich auf die Ebene der Metaperspektive (oder die Ebene der Steuerungsprogramme höherer Ordnung). Beherrschte man die entsprechenden Design- und Programmiersprachen, dann könnte man sich ganz eigene Strategien der Präsentation überlegen und als Programme umsetzen. Diese wiederum könnten von anderen als Präsentationsmethodik praktisch genutzt werden. Ein neues Präsentationskonzept wäre entstanden, für deren User wieder die gleichen Überlegungen gelten wie eben für PowerPoint.

Nun zurück zu den Schwänen und zur Beratung.

4.2.1 Praxis

Der erste Schwan steht in der Beratung für das praktische Vorgehen und Verhalten. Wie gestaltet man die Gesprächssituation, wie schafft man ein angenehmes Gesprächsklima, stellt verständliche Fragen, trifft den richtigen Ton usw.? Dass wir uns dabei steuern, merken wir meist gar nicht. Man lernt Verhalten und Erleben, wie man eine Sprache lernt: durch Sprechen. Auch beruflich geht es hierbei meist um durch Praxis erlernte Heuristiken, d. h., man lernt die impliziten Regeln, ohne sie als solche benennen zu können. Hierbei entwickelt man Gewohnheiten, die funktionieren und dem persönlichen Stil entsprechen. Wenn etwas dabei nicht funktioniert, entsteht Anlass zum Lernen durch weiteres Probieren.

Nehmen wir Fragen als Beispiel, so wählt in unserer Kultur jedes Kind »Warum?«, wenn es etwas besser verstehen will. Merkt es, dass es damit nicht wirklich weiterkommt, probiert es andere Fragen, etwa Wie-Fragen. Wenn diese Fragen befriedigende Effekte erbringen, werden sie meist für eine gewisse Zeit bevorzugt, bis sie ausgelotet und als geläufig ins Repertoire aufgenommen sind. Dann bemerkt das Kind, dass es irgendwie noch etwas anderes wissen will, was durch Warum- und Wie-Fragen nicht abgedeckt ist, und experimentiert erneut.

4.2.2 Operative Programme

Der zweite Schwan steht für Regeln, nach denen wir uns steuern, für unsere Beschreibungen der Situation, für unsere Begründungen des Vorgehens sowie für »die mentale Programmierung« der Zusammenspiele. Wurde auf der Ebene der Praxis Sprache durch Sprechen gelernt, geht es nun um das Verständnis von Sprache und den Zusammenhang mit Geschehnissen. Es geht um Logik und Regelhaftigkeiten von Sprache, bezogen auf Wirklichkeit. Dadurch kann Sprache nicht nur durch Praxis entwickelt werden, sondern Sprache selbst wird reflektiert mit dem Ziel, ihre Wirkungen und Möglichkeiten kompetenter auszuschöpfen. Ich lerne Sprache hier, indem ich die ihr innewohnenden Regeln und deren Sinn begreife und mit meinem Sprechen verbinde. Auf Fragetechniken angewendet, wird dann z. B. klar, dass Warum-Fragen Ursachenerklärungen von Gegebenem abrufen, während Was-wäre-wenn-Fragen Zukunftsorientierung und gedankliches Probehandeln abrufen.

4.2.3 Metaperspektiven

Der dritte Schwan steht für Betrachtungen, wie angetroffene Wirklichkeit überhaupt zu fassen ist und welche Konzepte wie damit umgehen bzw. selbst Wirklichkeiten hervorrufen:

Zu welchen Welten und Wirklichkeiten passen welche Konzepte? Welche Aspekte rücken sie in den Vordergrund und welche in den Hintergrund? Erfasst die gewählte Sprache, auch wenn sie von vielen gewohnheitsmäßig verwendet wird, überhaupt, was ich ansprechen will? Welche anderen Bereiche dieser Sprache oder welche anderen Sprachen wären für Verständigung und für gewünschte Wirklichkeitserzeugung geeigneter? Ist z. B. eine technische Sprache dafür geeignet, Passionen zu verstehen oder zu wecken? Wäre eine metaphorische Sprache oder die einer anderen Kultur geeigneter? Welche anderen Konzepte und Methoden kämen infrage, die dann andere Wirklichkeiten repräsentierten oder hervorriefen?

Will ich z. B. Aufmerksamkeit für die Perspektiven anderer wecken, sind zirkuläre Fragen vielleicht besser als noch so gute Fragen, die nur die eigene Perspektive erschließen. Wenn ich Erleben und Verhalten in einen Organisationskulturzusammenhang stellen will, sollte ich nicht nach privaten Hintergründen fragen, sondern nach denen der Organisation und den sich im eigenen Erleben und Verhalten manifestierenden Organisationslogiken.

Viele Steuerungskonzepte des isb bieten Perspektiven zu allen drei Steuerungsebenen.

Eine Auswahl wird nun kurz skizziert. Sie sind multidisziplinär angelegt, damit sie von Vertretern vieler Professionen unmittelbar verstanden und genutzt werden können.

4.3 *Zwei Persönlichkeitsmodelle*

Persönlichkeitsmodelle aus der therapeutischen Arbeit stellen Persönlichkeit meist in einen biografischen Kontext und neigen dazu, Motive und ihre Hintergründe in der jeweiligen Biografie besonders zu betonen. Meist machen solche Modelle eine Unterscheidung zwischen Persönlichkeit und Welt, wobei dann die Herausforderung entsteht, solche Persönlichkeitsarbeit mit Weltgestaltung zu integrieren. Modelle dieser Art sind in der Literatur hinreichend verfügbar.

Hier sollen zwei Persönlichkeitsmodelle skizziert werden, die Persönlichkeit beschreiben und dabei ohne psychologische Betrachtungen von Motiven und biografischen Hintergründen auskommen. Außerdem wird Persönlichkeit von vornherein als bezogen auf Welt konzipiert, sodass Persönlichkeitsentwicklung immer auch gleichzeitig Entwicklung des Weltbezugs bedeutet. Mit solchen Persönlichkeitsmodellen können Professionelle aus allen Fachdisziplinen leicht zusammenarbeiten. Man muss sich nicht mit der Wissenschaft des anderen vertraut machen, um seine Sprache zu verstehen.

4.3.1 Das Rollenmodell der Persönlichkeit

Das Rollenmodell der Persönlichkeit konzipiert Persönlichkeit als ein Bündel von Rollen, die wir auf den Bühnen unseres Lebens in den dort aufgeführten Stücken spielen. Leben und Persönlichkeit werden so in Zeit und Raum in einer beobachtbaren Erscheinungsform beschrieben. Hintergrundbühnen und die unverwechselbaren Eigenarten der Menschen scheinen durch ihre Art der Rollengestaltung auf den Gegenwartsbühnen durch, bleiben aber im Hintergrund. Sie werden eher intuitiv durch Bilder erfasst, die sie im Betrachter auslösen. Rolle definiert sich in diesem Modell nicht als Erwartung der Umwelt, der sich eine Person gegenübersieht, sondern als Teil von Person. Die Modellarchitektur ähnelt Persönlichkeitskonzepten, bei denen die Persönlichkeit als aus Teilpersönlichkeiten zusammengesetzt gedacht wird (vgl. Ego-State-Modelle). Rolle geht über die Beschreibung des Ich-Zustands hinaus und definiert sich als »kohärentes System von Gedanken, Gefühlen, Verhaltensweisen, Beziehungs- und Wirklichkeitsvorstellungen« (Schmid 2003, S. 85). Dadurch kommen die Stücke und das Zusammenspiel in ihnen auf den Bühnen meiner Welten mit ins Bild.

Abbildung 1 stellt ein solches Rollenmodel der Persönlichkeit als Drei-Welten-Modell dar. Es entsteht dadurch, dass man

Rollen in drei Rollenbereiche und entsprechende Inszenierungen und Bühnen einteilt: Professionswelt, Organisationswelt und Privatwelt. Solche Einteilungen folgen ihrerseits Steuerungs-überlegungen und didaktischen Erwägungen.

Abb. 1: Drei-Welten-Modell der Persönlichkeit (Schmid 1990)

Für den pragmatischen Umgang mit Komplexität muss je nach Betrachtungsschwerpunkt flexibel entschieden werden, welcher Rollenbereich in den Vordergrund gerückt wird und was als Hintergrund Beachtung finden soll. In der Supervision eines Beraters z. B. macht es einen Unterschied, ob aktuelle Probleme in den Zusammenhang mit Berufsentwicklung gestellt werden (Ist Berater der richtige Beruf? In welches Feld will ich mich hineinentwickeln?) oder im Zusammenhang mit einer internen Beraterrolle in einer bestimmten Organisation gesehen werden (Habe ich dort eine Wirksamkeit? Wie gehe ich mit nicht diskutierbaren Erwartungen um?). Noch ganz andere Fokussierungen ergeben sich, wenn die private Lebensentwicklung in den Vordergrund gerückt wird (Will ich aus dem Koffer leben lernen? Ist mir Familie wichtig, und wie steht es um meine sonstigen privaten Beziehungen?).

So eignet sich das Drei-Welten-Modell auch für Überlegungen zu Wechselwirkungen zwischen den Rollenbereichen und zum Reflektieren, über welche Rollenbereiche man Persönlichkeitsarbeit versucht.

Vielleicht stellen sich die aktuellen Eheprobleme anders dar, wenn eine Organisationsrolle mit mehr lokaler Präsenz angestrebt wird. Oder der Unzufriedenheit am aktuellen Arbeitsplatz kann man durch eine berufliche Entwicklung besser entrinnen. Oder der angestrebte Berufswechsel zeigt sich in anderem Licht, wenn man begreift, dass nur am aktuellen Arbeitsplatz diese Tätigkeit so unbefriedigend ist.

4.3.2 Persönlichkeit aus Sicht der Theatermetapher

In Erweiterung des vorigen Modells kann man Persönlichkeit als Portfolio nicht nur der Rollen beschreiben, sondern auch als Portfolio der Themen, die mich immer wieder bewegen, als die Art von Storys, die ich immer wieder erzähle oder von denen ich betroffen bin, als Portfolio der Bühnen, auf die es mich zieht oder auf die ich gerate, und nicht zuletzt als Portfolio der Inszenierungsstile, bei denen ich mich mehr oder weniger zu Hause fühle. Zusammengefasst, zeichnet sich Persönlichkeit durch die Inszenierungen (Stücke) aus, zu denen ich beitrage und in denen ich mich bewege. Insofern können wichtige Dimensionen der gelebten Persönlichkeit mit der Theatermetapher erfasst werden. Abbildung 2 zeigt die erwähnten Perspektiven als Scheinwerfer.

Man kann sich nun gelebte Persönlichkeit als die Summe der Stücke (Inszenierungen) vorstellen, in denen ich mein Leben verbringe.

Soll nun Persönlichkeit entwickelt werden, ergeben sich ganz pragmatische Fragen zu den infrage stehenden Inszenierungen. Zu ihnen kann jeder etwas mehr oder weniger intuitiv mehr oder weniger fruchtbringend beitragen.

Würde mir das Stück besser liegen, wenn ich eine andere Rolle einnehmen könnte? Oder muss es ein anderes Thema sein oder eine andere Story, die zum selben Thema durch die Inszenierung erzählt werden soll? Wäre diese Inszenierung vielleicht ganz

okay, wenn sie nicht im großen Haus, pompös und immer vor
repräsentativem Publikum, sondern auf einer Experimentalbüh-
ne stattfinden könnte?

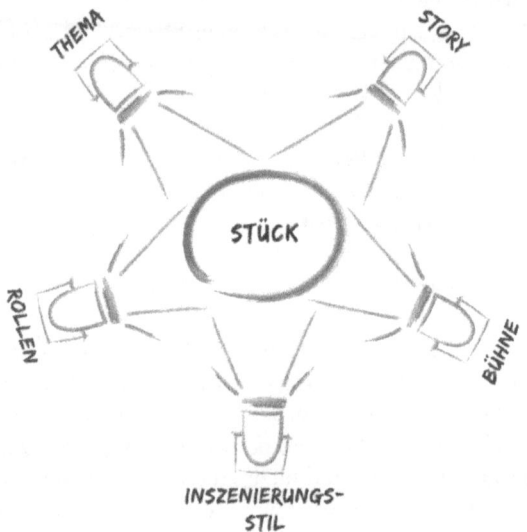

*Abb. 2: Perspektiven der Theatermetapher (Schmid u. Wengel
2001)*

Oft kommen z. B. Menschen in Beraterweiterbildungen, die überlegen, ins »Psychofach« zu wechseln, weil sie mehr den menschlichen Faktor berücksichtigen wollen. Sie wollen dadurch ihre
Persönlichkeit in eine neue Richtung entwickeln. Zu erkennen,
dass sie dies nicht durch Rollen- oder Bühnenwechsel, sondern
vielleicht durch ein anderes Repertoire an Themen, Storys und
Stilen unter Beibehaltung ihrer erworbenen Grundqualifikati-
onen und Stellungen im Feld leisten können, kann eine große
Erleichterung sein. Mithilfe der Theatermetapher können solche
Fragen leicht in kollegialen Dialogen geklärt werden.

4.4 Vier Modelle für Wirklichkeitsbegegnung

Für den Bereich der Kommunikation stehen auch einige Modelle zur Verfügung, die systemische Betrachtungsweisen gut transportieren. Sie beschreiben Kommunikation als komplexe Begegnung von wirklichkeitsgenerierenden Systemen. Dabei beziehen sie bewusste und unbewusste Ebenen der Wirklichkeitsbegegnung ein.

4.4.1 Das Kulturbegegnungsmodell der Kommunikation

Das Kulturbegegnungsmodell der Kommunikation geht davon aus, dass sich in fast jeder Kommunikation verschiedene Kulturen begegnen, die nicht ohne besondere Pflege zueinanderpassen (Deutsche/Chinesen, Psychologen/Kaufleute, Vorgesetzte/Mitarbeiter, Ältere/Jüngere, Männer/Frauen). Anders als im Modell der technischen Kommunikation (Sender, Kanal, Empfänger) wird angenommen, dass ohne besonderen Abgleich jedes lebende System zunächst auf sein eigenes Wirklichkeitsverständnis bezogen bleibt. Die Äußerungen des Gegenübers werden ganz in diesem Sinne interpretiert und Wirkungen von Kommunikation in diesem Bezugsrahmen erwartet. Die Interpretation von Kommunikation bleibt entsprechend unsicher. Will man mehr aufeinanderbezogene oder gemeinschaftliche Wirklichkeit errichten, bedarf dies einer eigenen zusätzlichen Anstrengung und Kompetenz. Abbildung 3 illustriert dieses Kommunikationsverständnis.

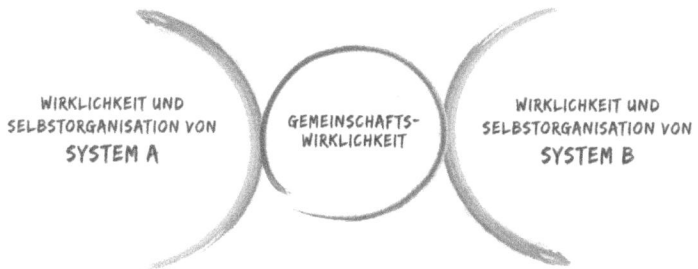

WIRKLICHKEIT UND
SELBSTORGANISATION VON
SYSTEM A

GEMEINSCHAFTS-
WIRKLICHKEIT

WIRKLICHKEIT UND
SELBSTORGANISATION VON
SYSTEM B

Abb. 3: Kulturbegegnungsmodell der Kommunikation (Schmid 1991)

Stellt man fest, dass in der Kommunikation unerwartete Effekte auftreten, kann dies mithilfe des didaktischen Modells der Kommunikationsebenen (Abb. 4) näher untersucht und kann wechselseitiges Verständnis erarbeitet werden. Zunächst wird abgeglichen, ob man sich auf die gleiche Faktenlage bezieht; dann, ob man dem Faktischen gleiche Bedeutungen gibt; dann, ob man Vorstellungen von Zusammenhängen und Wechselwirkungen teilt. Erst danach steht an, sich über Verantwortlichkeiten zu verständigen.

Abb. 4: Ebenen der Wirklichkeitsbegegnung (Schmid u. Caspari 1998)

4.4.2 Gemeinsame Inszenierungen mit der Theatermetapher

Die Theatermetapher wurde schon für Betrachtungen der Persönlichkeit eingeführt. Sie kann darüber hinaus dafür verwendet werden, sich über gemeinsame Wirklichkeitsinszenierungen zu verständigen. Wird etwa die Zusammenarbeit zweier Beratungsunternehmen geplant, dann sollten die Inszenierungen zumindest komplementär, möglichst aber integrierbar sein. Dazu muss man sich darüber verständigen, was auf welchen Bühnen wie inszeniert werden soll. In dem einen Unternehmen tauschen sich die Berater informell in der Kaffee-Ecke aus, während im anderen moderierte Teamsitzungen mit Tagesordnung üblich sind. Das sind ganz verschiedene Bühnen, Rollen und Stile. Die Kategorien der Theatermetapher können helfen, sich über Unterschiedlichkeiten klar zu werden und sich über gemeinsame Inszenierungen dieser Art zu verständigen. Sonst kann es sein, dass eine Art der Inszenierung unreflektiert übernommen wird oder sich die verschiedenen Inszenierungsarten ständig aneinander reiben. Viele Fusionen von Unternehmen scheitern daran, dass man solchen Abgleichen und Vereinbarungen für künftige gemeinsame Inszenierungen zu wenig Beachtung schenkt. Abbildung 5 illustriert die Verwendung der Theatermetapher für diesen Zweck.

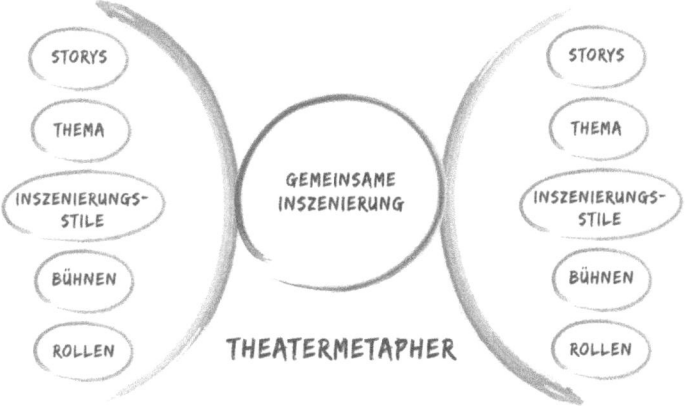

Abb. 5: Integration von Inszenierungen (Schmid u. Wengel 2001)

4.4.3 Dialogmodell der Kommunikation

Das Dialogmodell der Kommunikation geht davon aus, dass es einen bewusst-methodischen Teil und einen intuitiv-unbewussten Teil der Kommunikation gibt. Der bewusst-methodische sorgt für eine gewisse inhaltliche Kommunikationssicherheit. Dafür, dass neben dem Thema auch »die Musik bei der Kommunikation spielt«, sorgt ein intuitiver Zusammenklang in Ober- und Untertönen. Oft genug sind es auch Missklänge, die aus diesen Sphären kommen, und das Begegnungsergebnis bleibt unbefriedigend. Ohne eine komplexe Verständigung auch in hintergründigen, manchmal nur intuitiv zu erfassenden Dimensionen kommt ein konstruktives komplexes Zusammenspiel meist nicht zustande. Jeder für sich und Kommunikationspartner gemeinsam können die Kompetenz dafür erwerben, die unbewusst-intuitiven Ebenen der Begegnung wahrzunehmen und konstruktiv zu berücksichtigen.

Das Zusammenspiel der Ebenen innerhalb der Kommunikationspartner und zwischen ihnen wird in Abbildung 6 illustriert.

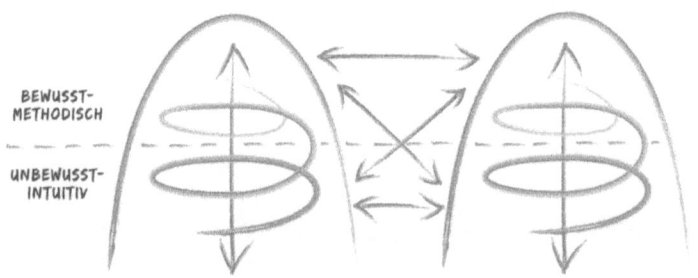

BEWUSST-
METHODISCH

UNBEWUSST-
INTUITIV

Abb. 6: Das Dialogmodell der Kommunikation (Schmid 2002)

Will man vielschichtige Kommunikation üben, ist zunächst wichtig, mit sich selbst Dialog zwischen den Sphären zu halten. Dazu ist Aufmerksamkeit für die eigenen Intuitionen in Bezug auf sich selbst oder in Bezug auf den anderen zu entwickeln. Intuitionen teilen sich oft in inneren Bildern oder körperlichen Reaktionen mit. Die Rolle der Intuition für Wirklichkeit und Kommunikation wurde schon in Abschnitt 1.3 dargelegt. Durch Dialogübungen, welche erzählerische Formen einbeziehen (s. u.), können solche Aufmerksamkeiten erhöht werden, und Intuition wird geschult. Gleichzeitig entsteht eine gemeinsame Kommunikationskultur, die in mehreren Dimensionen Aufmerksamkeit und Austausch entwickelt, und somit verbessern sich die Chancen, komplexe Abstimmungen vielschichtiger und damit oft stabiler und erfüllender vorzunehmen.

4.4.4 Wer oder was begegnet sich eigentlich?

Abb. 7: Wer oder was begegnet sich?

Man kann sich Begegnung in ganz verschiedenen Dimensionen vorstellen. Will man herausfinden, welche Begegnung eigentlich stattgefunden oder worin man sich verfehlt hat, sind verschiedene Fragestellungen denkbar, je nachdem, welche Begegnungsebene man in den Vordergrund stellt. Verschiedene Konzepte und Methoden betonen auch ganz verschiedene Ebenen.

Abbildung 7 unterscheidet vier Ebenen: Wenn ich z. B. meine, dass sich ein Klient bei sonst gutem Begegnungspotenzial oft so ungeschickt verhält, dass es doch Probleme gibt, tut ihm vielleicht auf der Verhaltensebene Feedback gut. In diesem Fall wäre es vielleicht klassisches Feedback, bei dem ganz konkret Beobachtbares genannt wird, möglichst ohne Bewertung.

Kann jedoch jemand gut reden, erzeugt aber dennoch z. B. chronisch Argwohn, kann dies an den Haltungen liegen, die der andere durchzuspüren meint. Dann geht es vielleicht eher um ein umfassenderes Feedback, das Spiegelung genannt wird. Das Gegenüber berichtet, welche Intuitionen in ihm anlässlich der geschliffenen Rede auftauchen, wie er darauf reagiert und wie dieses Zusammenwirken das Kommunikationsergebnis beeinflusst.

Menschen leben auch in Alltagsinszenierungen ihren persönlichen Mythos und suchen unbewusst-intuitiv das Zusammenspiel mit dazu passenden Mythen. Das kann z. B. mit der Theatermetapher und dem Dialogmodell der Kommunikation beschrieben werden. Zu fragen wäre dann, welche Mythen einem einfallen und wie sich Begegnung in diesem Licht darstellt. Man kann sich leicht vorstellen, dass ein »junger Moses« sich schwer mit einem »jungen, starken Wanja« tut, auch wenn sich beide von den Fachkompetenzen her ideal ergänzen würden: Moses drängt auf Aufbruch, wagt alles auf der Suche nach dem gelobten Land und muss am Ende doch zurückbleiben, während der starke Wanja sieben Jahre auf dem Ofen schlafend zubringt und am Ende mit viel Glück doch Zar wird.

Schließlich begegnen sich in Menschen Mythen ihrer Welten im Hintergrund, die sie ausleben, ohne dass es unbedingt ihre persönlichen sein müssen. So kann z. B. die vorherrschende Firmenmythologie, nur Profit machen zu wollen, in spannungsreichen Kontrast zu einer Führungskraft aus einem Pfarrhaus kommen. In diesem Fall sind ganz andere Fragen zur Erhellung der Situation zu stellen als auf anderen Ebenen.

Angenommen, Sie würden erwägen, hier die persönliche Absicherung des Mitarbeiters und seiner Familie als maßgebend anzusehen, welche Mitbeurteiler sehen Sie bei dieser Angelegenheit bei sich im Hintergrund? An welchen Vorstellungen würden Sie sich gerne orientieren?

Auf die Bedeutung der Milieubegegnung in der Beratung wurde an anderer Stelle hingewiesen (Schmid 2007a, 2011).

4.5 Vier narrative Ansätze

Die vorigen Abschnitte haben deutlich gemacht, dass in komplexen Systemen hinter jeder Vordergrundbühne viele Hintergrundbühnen in aktive Resonanz zum aktuellen Geschehen gehen können. Sie können meist nicht ausdrücklich in den Vordergrund geholt werden, weil das oft nicht zur Situation passen und, selbst wenn, eine bewusste Steuerung überfordern würde. Dennoch hängt gemeinsame Wirklichkeitsgestaltung oft von intuitiver Verständigung in solchen Dimensionen ab. Daher ist eine Kommunikationskultur, die bildhafte, erzählerische Elemente enthält, hilfreich, sich vielschichtig zu verständigen. Eine unbewusste Ebene wird intuitiv fassbar, wo auf der bewusst-methodischen Ebene kaum etwas abgebildet werden kann. Komplexe Systeme und Wirklichkeiten zeichnen sich dadurch aus, dass man es mit einer letztlich nicht ergründbaren Vielschichtigkeit zu tun hat. Durch Raum und Kompetenz für intuitiven Umgang mit dieser Vielschichtigkeit kann dennoch das Surfen auf den Oberflächen wesentlich verbessert werden. Beides wird durch die Berücksichtigung von narrativen Kommunikationsansätzen versorgt. Entgegen mancher Besorgnis kann man solche eigentlich in allen Kontexten einführen und durchaus zur wesentlichen Methode professioneller Steuerung machen.

4.5.1 Innere Bilder

Innere Bilder wirken bei fast allen Lebenssituationen im Hintergrund. Sie sind oft auch nicht so verborgen, wie man zunächst glauben mag. Man muss nur nach ihnen fragen bzw. die eigenen auf angemessene Weise ins Spiel bringen, um Resonanzen auf dieser Ebene zu bekommen.

> »Wenn Sie mir von diesem Projekt erzählen, steigt in mir das Bild von einem Fußballspiel auf. Und ich sehe in Ihrer Mannschaft fast nur Stürmer, die sich gegenseitig den Ball abjagen.« – Hierauf kann dann ein Austausch über die Aufstellung und die Temperamente im Projekt erfolgen, wie er durch inhaltlich-technische Überlegungen in dieser Dichte nicht möglich wäre.

Auf die Bilderebene zu gehen bedeutet zunächst nur einen Wechsel der Sprache. Damit allein sind treffende Beschreibungen und Verständigung nicht gewährleistet. Man muss diese bildhafte Sprachebene immer wieder mit den anderen Sprach- und Wirklichkeitsebenen abgleichen, um zu einer besseren Steuerung zu kommen.

Möglichkeiten, über strukturierte Interviews innere Bilder zu gewinnen, mit deren Hilfe man wesentliche Elemente für Sinnhaftigkeit von Berufssituationen bestimmen kann, wurden an

anderer Stelle ausgeführt (Schmid 2004b, 2005). Ebenso kann
über innere Bilder nach der Passung von Menschen und Organisationen gefragt werden (Schmid 2006).

4.5.2 Storytelling

In allen Kulturen werden Geschichten erzählt. Sie transportieren
Kultur und Weisheiten weit über das Erklärbare hinaus. Daher
ist Geschichtenerzählen eine wunderbare Methode, und es lohnt
auch in professionellen Kontexten, sich genau darin zu üben. Die
Geschichten, die einem einfallen, erfassen oft Ebenen und verar-
beiten inneres Verständnis des Erzählers weit über das hinaus, was
ihm selbst bewusst war. Da sich andere aus erzählten Geschichten
eh wieder ihre eigenen machen, können einsichtsvolle und kreative Seiten aller über Geschichtenaustausch und das gemeinsame
Entwickeln von Geschichten in besonderem Maße zum Zug kommen. Außer durch die Geschichten selbst kann eine hochwertige
und vielschichtige Kommunikationskultur durch das Storytelling
als Vorgang bereichert werden. Alle lernen zu hören, auf sich
selbst und auf andere, spielerisch mit schwebender Aufmerksamkeit im Sinne des Dialogmodells der Kommunikation.

Storys zu konstruieren ist eine gute Übung, Strukturen und
Muster zu identifizieren und sie durch Bilder und Inszenierungen auf andere Wirklichkeitsebenen zu »transponieren«. So ist
es eine beliebte und erhellende Übung in Beraterqualifizierungen,
eine Situationsschilderung eines Klienten in ihre Bestandteile zu
zerlegen, sie in eine andere Welt zu transponieren und dort zunächst als »Abholgeschichte« wiederzugeben. Dann kann diese
Geschichte in irgendeiner Weise weiterentwickelt werden und
so abgewandelt als »Entwicklungsgeschichte« erzählt werden.
Manchmal verschafft schon das transparente Konstruieren interessante Einsichten. Manchmal entwickelt sich erst beim Erzählen
eine kraftvolle Story. Übungen dieser Art wurden an anderer Stelle
dargestellt (Schmid 2007b; dort findet sich auf S. 241 f. auch ein
Beispiel für die Transformation einer »Abholgeschichte« in eine
»Entwicklungsgeschichte«). Interessant daran ist, dass selbst die
Erzähler oft überrascht werden, was sich in ihren Geschichten

transportiert und welche Resonanzen sie auslösen. Außerdem entdecken sie oft unerwartete erzählerische Talente oder integrieren diese Seite ihrer Kompetenzen in ihr berufliches Repertoire.

4.5.3 Geleitete Fantasien

Während im vorigen Abschnitt die Inszenierung der Geschichten selbst im Vordergrund stand, soll hier auf eine Methodik abgehoben werden, Menschen in narrative Atmosphären einzuladen und Dialoge zwischen bewussten und zunächst unbewussten Wirklichkeiten anzuleiten. Geleitete Fantasien bieten einen solchen Raum. Sie sind aus vielen Schulen unter vielen Namen bekannt, z. B. aus der ericksonschen Hypnotherapie. Auch wenn dies »ein weites Feld« ist, kann doch jeder einige Gestaltungselemente lernen, die einen Rahmen für sicheres Experimentieren in diesem Feld bieten.

Wie kann man von einer Außen- und Sachorientierung zu einer Innenorientierung und narrativen Haltung hinführen? Wie kann man Themen und Bilder, auf die man fokussieren möchte, anbieten? Wie kann man den Umgang mit solchen Bildern nach der Fantasie bahnen? Wie kann man dann so in die Außenorientierung zurückführen, dass die Erfahrungen im nachfolgenden Dialog fruchtbar werden?

Die bei solchen Übungen erworbenen Kompetenzen in der Erlebnissteuerung durch Sprache sind für jede Kommunikation ein großer Gewinn, auch wenn man nicht ausdrücklich mit narrativen Methoden arbeiten will. Ausführliche Beschreibungen und Übungen hierzu sind an anderer Stelle zu finden (Schmid 1998).

4.5.4 Traumdialoge

Fast alle Kulturen haben einen Bezug zum Träumen entwickelt. Träume sind für viele Menschen eine Quelle innerer Bilder, die Anlass bieten, über Bedeutungen des Tagerlebens und über hintergründige Strömungen Dialog zu halten. Dadurch können wir mit sonst wenig berücksichtigten Strebungen der Seele und Entwicklungsimpulsen Kontakt aufnehmen. In Träumen zeigt sich auch ein Kulturwissen, das nicht allein aus der persönlichen Biografie zu erklären ist und an das wir uns mit großem Gewinn ankoppeln können. Interessant an Träumen sind nicht nur Trauminhalte und -symbole, sondern auch die sich in ihnen zeigenden Neigungen, Wirklichkeit zu inszenieren. Daher eignet sich z. B. die Theatermetapher für den Dialog mit Trauminszenierungen.

An die Einbeziehung von Träumen ins berufliche Arbeiten wagen sich viele nicht heran, weil sie sich selbst als ungeübt erleben und außerdem Traumanalyse professionell als Domäne bestimmter Psychologierichtungen ansehen. Doch ist die Sprache der Träume eine uns innewohnende Kultursprache, die wir uns wiederaneignen und kompetent in berufliche Entwicklungen und Lebenskultur einbeziehen können. Besondere Vorbildung ist hierfür nicht notwendig. Assoziative Gespräche anlässlich von Traumerzählungen können oft erstaunliche Spiegelungen darstellen und uns die eigenen Deutungs- und Inszenierungseigenarten deutlich werden lassen. Eine ausführliche Darstellung des systemischen Arbeitens mit Träumen – im Sinne der hier dargestellten narrativen Übungen auch für Gruppen – ist an anderer Stelle zu finden (Schmid u. Günter 2012).

4.6 Drei Konzepte zu Wirklichkeitsstilen

Außer auf die jeweils hervorgebrachten Wirklichkeiten kann sich der Blick auf höherer Ebene darauf richten, wie und in welchem Stil lebende Systeme überhaupt Wirklichkeit erzeugen. Auch darin gibt es Stärken und Schwächen, verträgliche und unverträgliche Stile. Ob Menschen z. B. in einer Partnerschaft längere Zeit durchhalten, hängt oft sehr viel mehr von der Verträglichkeit der Inszenierungsstile ab als von Inhalten oder Werten. In komplexen Vorhaben können selten alle Inhalte bearbeitet werden. Daher lohnt es sich, anhand der beispielhaften Inhalte mehr über die dabei gelebten Wirklichkeitsstile zu sprechen und darüber, wie sie aneinander ankoppeln können.

Wirklichkeitsinszenierungen und -stile haben so viele Aspekte, dass es wiederum nur beispielhafte Beschreibungen davon geben kann. Hier sei auf drei Konzepte hingewiesen, die sich als verblüffend erhellend erwiesen haben.

4.6.1 Ich-Du- und Ich-Es-Beziehungstypen

Abbildung 8 und 9 illustrieren zwei unterschiedliche Präferenzen.

Ich-Es-Menschen interessieren sich vorrangig für Themen und sind hauptsächlich am anderen interessiert, wenn man gemeinsam Themen verfolgen kann. Natürlich freuen auch sie sich über guten Kontakt und Beachtung als Mensch. Doch im Konflikt muss erst bezüglich der Themen geklärt werden, da sich für sie Beziehungen daran orientieren.

Ich-Du-Menschen interessieren sich vorrangig für Bezogenheit auf andere Menschen und für zwischenmenschliches Einvernehmen. Sicher haben sie auch Interesse an Themen, an gemeinsamen oder an solchen, die die Beteiligten wechselseitig interessant finden. Doch im Konflikt muss erst die als beeinträchtigt empfundene Beziehung wieder ins Lot kommen.

Man kann sich unschwer vorstellen, wie zwischen diesen beiden Typen leicht Konflikte entstehen und dass sie schwer zu überwinden sind, wenn jeder sich auf das zu seiner Präferenz passende Konfliktmanagement zurückzieht. Für jeden Professionellen ist es daher bedeutsam, dass er sich seiner Präferenzen bewusst wird und lernt, sich an andere Präferenzen anzukoppeln.

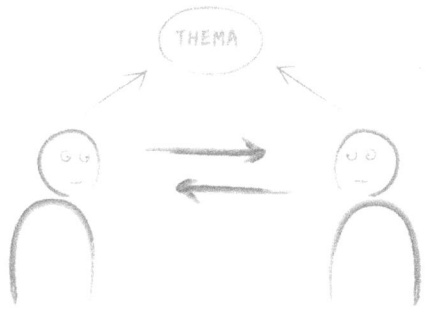

Abb. 8: Ich-Du-Menschen in Interaktion (Schmid 1998)

Abb. 9: Ich-Es-Menschen in Interaktion (Schmid 1998)

Die folgende Abbildung 10 verweist auf Individuen und Kulturen, bei denen beide Beziehungspräferenzen bedient werden können und eine für die Beteiligten balancierte Integration gefunden wurde. Ausführlichere Darstellungen siehe Schmid und Jokisch (1998).

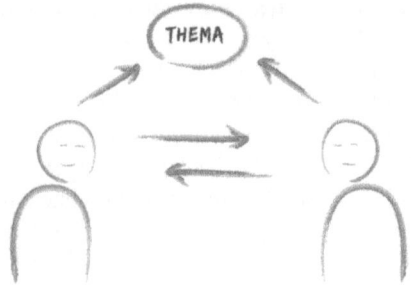

Abb. 10: Integrierte Begegnung (Schmid 1998)

4.6.2 Intensitätsverstärker und -verminderer

Von dem Psilocybin[3]-Forscher Roland Fischer stammt die Idee, dass es verschiedene Arten gibt, sich zu organisieren, wenn man

---

3 »Psilocybinhaltige Pilze, auch als Zauberpilze, *magic mushrooms* oder halluzinogene Pilze bezeichnet, sind psychoaktive Pilze. Die in ihnen enthaltenen Stoffe Psilocybin und Psilocin wirken ähnlich wie die Droge LSD [...]. Psilocybinhaltige Pilze sind weltweit verbreitet [...]. Insgesamt sind über 180 Arten bekannt« (http://de.wikipedia.org/wiki/Psilocybinhaltige_Pilze [23.10.2014]).

jenseits von Alltäglichkeit und Gewohnheit zu Wesentlichem kommen will. Dies ist durch Abbildung 11 illustriert.

Intensitätsverstärker suchen den Weg über gesteigerte Intensität, sei es im Inneren oder Äußeren. Sie suchen die starke Emotion oder Begeisterung oder den intensiven Prozess mit anderen.

Intensitätsverminderer reduzieren im Gegensatz dazu Intensität, bringen sich innerlich ganz zur Ruhe, blenden Außenreize aus und verlangsamen z. B. Gruppenprozesse.

Beide Stile drücken sich z. B. auch in verschiedenen Meditationsarten aus, wie im »Tanz der Derwische« auf der einen und in der Zen-Meditation auf der anderen Seite. Das Ergebnis mag am Ende dasselbe sein, die beiden Stile vertragen sich nicht unbedingt. Reflexhafte Intensitätsverstärkung kann genauso wie Intensitätsverminderung zum Selbstläufer und daher unfruchtbar werden. Aus diesem Grund ist es hilfreich, die Wahl zu haben. Insofern kann eine Reflexion solcher Präferenzen und des wechselseitigen Umgangs damit wichtig sein. Dies erleichtert das Herstellen von Gemeinsamkeiten oder zumindest produktiver Toleranz (Schmid 2002, 2008).

Abb. 11: Intensitätsverstärker und -verminderer

4.6.3 Typologie von C. G. Jung

C. G. Jung entwickelte das Konzept der vier voneinander unabhängigen Weisen des Zugangs zu Wirklichkeit. Dieses Konzept hat auch in den Myers-Briggs-Typenindikator Eingang gefunden

(Briggs Myers a. Briggs Myers 1980; Bents u. Blank 1995). Vielleicht mag es manchen Leser verwundern, dass hier Konzepte aus der Tiefenpsychologie berücksichtigt werden. Doch eignet sich der Umgang mit diesen Konzepten und speziell mit der Psychologie von C. G. Jung und seinen Nachfolgern besonders für systemische Betrachtungen, auch wenn dies dort nicht so benannt wird (Schmid 1995).

Die vier Zugänge sind bei etwas abgewandelter Benennung das Wahrnehmen (empirisch auf Vorhandenes bezogen), das Ahnen (Intuition des Möglichen, auf Potenzialität bezogen), das gedankliche Ordnen (inhaltliches Ordnen nach Kategorien) und das gefühlsmäßige Bewerten (Bewerten von Gehalt nach gefühltem Wert).

Jung ging davon aus, dass jeder Mensch zunächst zwei nebeneinanderliegende Präferenzen entwickelt (Abb. 12), die aber erstens zu qualifizieren und zweitens in der zweiten Lebenshälfte durch die anderen zu ergänzen sind, wenn Wirklichkeit wesentlich erfasst werden will. Man kann sich nun gut vorstellen, dass verschiedene Wirklichkeitszugänge zu anderen Arten der Wirklichkeitsinszenierung führen können und dass es hilfreich sein kann, darüber Dialog zu halten. Wirklichkeit mag dann gut

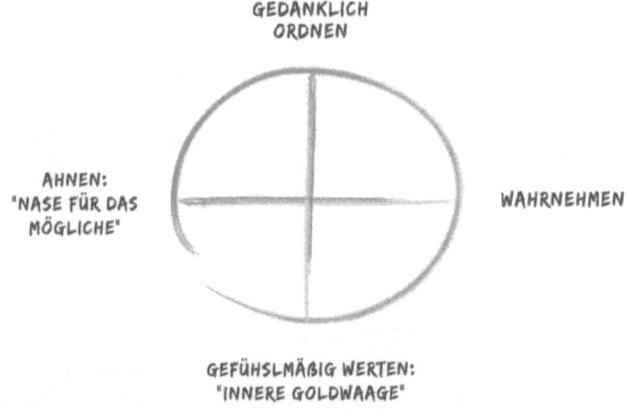

Abb. 12: Vier Modi des Wirklichkeitsbezugs

gesichert und gemeinschaftsfähig sein, wenn sie aus allen vier Perspektiven Sinn ergibt und verschiedene Präferenzen dabei zu Geltung und Qualität kommen. Weitere Erläuterungen sind an anderer Stelle zu finden (Schmid u. Gérard 2008).

4.7 Vier Designkonzepte

Während wir bisher für Steuerung höherer Ordnung geeignete Modelle für Persönlichkeit und Wirklichkeitsbegegnung beispielhaft dargestellt haben, geht es nun um die Konfiguration von Dienstleistungen, um Designs für stimmige professionelle Arbeitsfiguren.

4.7.1 Das Steuerungsdreieck[4]

Das Steuerungsdreieck ist ein Modell, das dem Berater hilft, sich in komplexen Situationen besser zu organisieren und ein sinnvolles Design für eine professionelle Dienstleistung zu entwickeln. In komplexen Auftragslagen müssen wir uns Gedanken machen, wie wir das Problem definieren, wen wir in den Beratungsprozess einbeziehen oder außen vor lassen und wie wir schließlich das gesamte Vorhaben benennen, welche Methoden wir wählen und welche Rolle wir als Berater einnehmen. Im Steuerungsdreieck werden drei Perspektiven unterschieden (siehe Abb. 13).

Die erste Perspektive, »Problemdefinition«, fokussiert die Frage, was als das Kernthema im Sinne der zu verändernden Ausgangssituation betrachtet werden soll. Der Berater stellt sich diese Frage, wenn er erfragt, was den Klienten bzw. die beteiligten Personen bewegt, worunter sie leiden, was sie verändern wollen und wie ihre Lösungen aussehen sollen. Kurz: Wie beschreibt der Berater angesichts der Erzählung des Klientensystems das Problem, und unter welchem Fokus betrachtet er es und die angestrebte Lösung?

---

4 Dazu auch Schmid (2003d, S. 141–146).

KLIENTENSYSTEM /
UMFELD UND
JEWEILIGE ROLLEN

PROBLEMDEFINITION /
FOKUS (SELEKTIVE
WIRKLICHKEITSBETRACHTUNG)

ORGANISATION UND KOMPLEXITÄTSSTEUERUNG
IN DER PROFESSIONELLEN
BEGEGNUNG

PROFESSIONELLES HANDELN
(AUSWAHL VON ROLLEN,
STRATEGIEN UND METHODEN)

Abb. 13: Dimensionen der Komplexitätssteuerung in der professionellen Begegnung (Schmid 1991)

Die zweite Perspektive betrachtet das Klientensystem und das dazugehörige Umfeld: Wen betrachtet der Berater als relevantes Bezugssystem für den Veränderungsprozess, welche Personen sollten behandelt werden, wer soll einbezogen werden, wer soll zumindest durch zirkuläre Befragung hypothetisch einbezogen werden? Wer im Umfeld ist sonst noch bedeutsam für die Entwicklung einer Lösung? Wie beim Rollenmodell der Persönlichkeit (Abschn. 4.3.1) erläutert, sollte dabei ausgewählt werden, in welchen Rollen und bezogen auf welche Lebenswelten die Protagonisten des Klientensystems dabei gesehen werden.

Die dritte Perspektive, »professionelles Handeln«, bezieht sich auf die Vorgehensweisen, Methoden und Rollen, die der Berater/Therapeut wählt: Welche Art von Dienstleistung soll erbracht werden? Welches Repertoire an Konzepten, Settings und Methoden wird damit eingeführt?

Wird eher ein Training oder psychotherapeutische Hilfe gebraucht? Wäre Coaching sinnvoller oder Teamentwicklung? Geht man von einer Kurzintervention aus oder einem längerfristigen Prozess? Ist es sinnvoll, viele Fragen zu stellen, damit der Klient/das System seine Lösungen selbst findet, oder könnte es hilfreicher sein, durch das Anbieten von neuen Sichtweisen eine bessere Orientierung zu geben?

Je nach gewählter Problemdefinition erscheinen unterschiedliche professionelle Handlungen und der Einbezug unterschiedlicher Klientensysteme zweckmäßig.

Für den Berater stellt sich die Aufgabe, ein Beratungsdesign zu entwickeln, das die drei Perspektiven sinnvoll aufeinander bezieht.

Stellt sich bei einem zunächst angesetzten Führungscoaching heraus, dass vermutlich die Stabilisierung von Absprachen über die Hierarchieebenen hinweg als Hauptproblem angesehen wird, dann ist die vorgesehene Persönlichkeitsarbeit im Vieraugengespräch mit dem Klienten vielleicht nicht ratsam. Stattdessen könnten sein Chef und dessen Chef zu einem hierarchieübergreifenden Gespräch eingeladen werden. Z. B. könnten mit diesen dreien moderierte Absprachen und die Überprüfung ihrer Umsetzung angeboten werden. Sollte dies nicht möglich sein, müssten vielleicht der Fokus für das Individualcoaching und der Kontrakt mit dem auftraggebenden Unternehmen verändert werden. Der neue Fokus könnte vielleicht Klärung dessen heißen, wie die Führungskraft damit zurechtkommen kann, wenn klare Absprachen nicht möglich sind, und welche Optionen ihr zugänglich sind, eventuell einschließlich eines Rollen- oder Abteilungswechsels.

Berater und Therapeuten können das Steuerungsdreieck verwenden:

- um für sich eine Struktur zu haben, mit der sie die Klienten daraufhin befragen können, welche Vorstellung sie von der anstehenden Dienstleistung mitbringen
- um bei komplexen Themen für sich ein Ordnungsraster zu haben, mit dem sie ihr Beratungs- bzw. Therapieangebot strukturieren können
- um die Vorstellungen des Klienten bezüglich seines Beratungsbedarfs und eigene Konzeptualisierungen wie zwei Fo-

lien übereinanderzulegen, damit Unterschiede wahrgenommen und offen ausgesprochen werden können
- um bei mehreren Auftragsgebern die Übersicht zu bewahren und alle vorhanden Folien miteinander zu vergleichen; solche Situationen entstehen leicht dort, wo die Klienten nicht nur aus eigenem Antrieb kommen, sondern fürsorgliche Instanzen die Behandlung fordern oder finanzieren und ein eigenes Interesse in die Behandlung hineintragen.

Hierzu ein *Beispiel:*

Eine Mutter beklagt sich in der Beratung über ihren unkonzentrierten Sohn und seine schlechten Schulleistungen. In dieser Situation sind sehr unterschiedliche Designs denkbar: Die Problembeschreibung könnte so aussehen, dass das Kind in der Schule überfordert ist. In diesem Fall könnte der Berater/Therapeut in die Rolle eines Experten gehen und vorschlagen, dass er das Kind zunächst testet, um seinen Entwicklungsstand zu erfassen und Lehrerin und Mutter bezüglich angemessenerer Anforderungen anzuleiten bzw. ihnen vorzuschlagen, nach einer passenderen Beschulung zu suchen. Vielleicht ist das Kind auch schon immer unruhig, und man erwägt »endogene« Faktoren. Dann kämen eine medikamentöse Behandlung und eine begleitende Beratung der Eltern infrage. Seine Rolle wäre die eines Fachmannes, der die Medikation selbst verschreibt (falls er Arzt ist) oder das Kind zu einem entsprechenden Fachmann überweist. Die Methode wäre Aufklärung der Eltern und Entlastung von Selbstvorwürfen. Als Zielgruppe kämen das Kind, beide Eltern und die Lehrerin infrage. Der Berater könnte auch den Eindruck gewinnen, dass die Mutter – auch aufgrund eigener biografischer Erlebnisse – inadäquat mit ihrem Kind umgeht. Das Beratungsdesign würde in diesem Fall im Kern auf eine Arbeit mit der Mutter abzielen. Der Berater/Therapeut wäre in einer beratenden und psychotherapeutischen Rolle. Definiert der Berater das Problem so, dass die Mutter schwer belastet ist, weil ihr Mann kaum zu Hause ist und, wenn er zu Hause ist, sich hinter dem Schreibtisch oder an den Stammtisch zurückzieht, könnte man das Verhalten des Sohnes als

Rebellion gegen diese Situation verstehen. In diesem Fall würde der Berater dem Ehepaar therapeutische Gespräche anbieten und nur bei Bedarf den Sohn einbeziehen. Oder der Berater gewinnt den Eindruck, dass der Sohn besonders auffällig ist und nicht nur im häuslichen, sondern auch in anderen Bereichen die Menschen mit seinen Provokationen vor besondere Herausforderungen stellt. Die Eltern sind sehr bemüht, haben vieles probiert, bislang aber keine Strategie gefunden, wie sie die Eskapaden des Sohnes besser in den Griff bekommen können. In diesem Fall könnte der Berater dem Sohn eine Spieltherapie und den Eltern begleitende Beratungsgespräche anbieten, in denen nach neuen und bislang unversuchten Möglichkeiten der Einflussnahme auf das Verhalten des Sohnes gesucht wird.

4.7.2 Das Team-Steuerungs-Dreieck[5]

Analog lässt sich das Steuerungsdreieck im Arbeiten mit Teams anwenden. Dafür verlassen wir feste Vorstellungen davon, wer zu einem Team gehört. Standardvorstellungen wie »alle aus einer Abteilung« sind meist undifferenziert. Wir betrachten ein Team als eine Gruppe von Menschen, die durch gemeinsame Leistungsanforderungen und Verantwortungen zueinander in Beziehung stehen, kurz: Team als Verantwortungsgemeinschaft. Das Team muss also im Zusammenhang erst definiert werden. Dabei gehört die Rückbezüglichkeit auf den Beobachter dazu, denn seine Ansichten über Leistungsanforderungen und Verantwortungen bestimmen seine Vorstellungen von Team.

Teams zu definieren heißt also, Teilsysteme von Organisationen unter ausgewählten Perspektiven zu bestimmen. Ohne Klärung der Leistung und Verantwortung, um die es geht, kann ein Team nicht bestimmt werden. Und ohne Perspektive des Beratungsauftrags kann ein Coaching im Vergleich zu anderen Maßnahmen nicht fokussiert werden. Ein Team ist also kein natürliches Gebilde und Teamcoaching kein definiertes Ereignis. Beides entsteht erst im Lichte der notwendigen Klärungen. Zur

---

5 Dazu auch Schmid und Messmer (2005a, S. 197–205).

aktuellen Orientierung, was Teamcoaching in einer konkreten Situation bedeuten kann oder soll, kann das Designdreieck für Teamcoaching verwendet werden (Abb. 14).

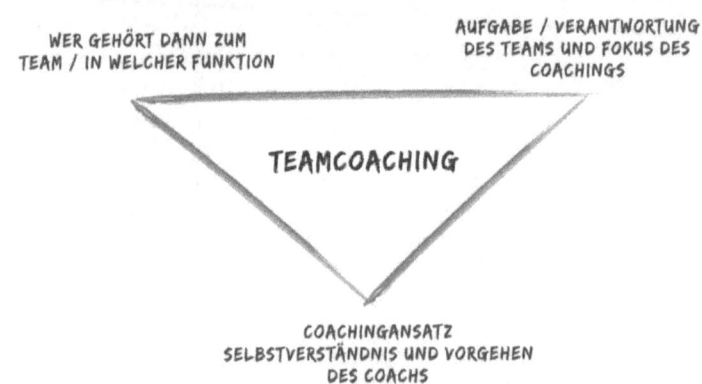

Abb. 14: Designdreieck für Teamcoaching (Schmid 2004)

Zur Verbesserung der Kundenorientierung soll ein Teamcoaching mit allen Teams im Servicebereich durchgeführt werden. Da es sich um mehrere Teams handelt, müssten entweder eine Großveranstaltung oder mehrere kleinere Teammaßnahmen angesetzt werden. Je nachdem, was eine vorangehende Klärung ergibt, könnten daraus völlig unterschiedliche Teamcoaching-maßnahmen werden. Sieht man die Probleme oder anstehenden Entwicklungen bei dem IT-basierten Informationssystem, dann sollte seine gemeinsame Pflege im Fokus stehen. Hierfür empfiehlt sich eine Teambildung aus denen, die dieses System entwickeln und pflegen, zusammen mit denen, die das System täglich bedienen. Sind dies zu viele, müssen sinnvolle Vertreter ausgewählt werden, damit die Teamcoachingsituation nicht überlastet wird. Die einen sind dabei als User, die anderen als Fachleute für menschenorientierte IT-Konfigurationen gefragt. So käme man auf eine für ein Teamcoaching geeignete Gruppengröße. Das Selbstverständnis der Coachs sollte etwas mit der Schnittstelle

Mensch und Technik, aber auch mit kooperativer und nachhaltiger Arbeitsorganisation zu tun haben. Ihr Vorgehen müsste geeignet sein, bisherige Mängel im Zusammenspiel von User und IT-Tool konkret zu machen und an Beispielen die Vorteile einer alternativen Nutzung bzw. Konfiguration des Tools erfahrbar machen. Die Toolentwickler könnten in notwendige Dialoge über praxisgeeignete Verbesserungen einbezogen werden, was wiederum die User zu einem neuen Engagement bewegen könnte.

Sollten sich hingegen die Schwierigkeiten im Etablieren von verbindlichen Haltungen und Vorgehensweisen als Führungsproblem darstellen, könnte dafür ein anderes Teamcoaching angesetzt werden. Es wären dann vielleicht die Leiter der entsprechenden Abteilungen mit je ein bis drei Mitarbeitern, die taugliche Vorgaben nicht umsetzen, einzuladen. Die Abteilungsleiter und Mitarbeiter sind dann als Führungskräfte und Mitarbeiter gefragt. Selbstverständnis und Vorgehen der Coachs sollte etwas mit Expertise für Mitarbeitermotivation und Führungsbeziehungen zu tun haben.[6]

Steuerungsdreieck und Teamsteuerungsdreieck eignen sich also nicht nur für die Selbststeuerung der Dienstleister, sondern auch für die Definition der jeweilig stimmigen Dienstleistung in Absprache mit Klienten und Auftraggebern. Insofern helfen solche Modelle auch den Klienten bei der Klärung ihrer Anliegen, beim gezielten Beauftragen von Dienstleistern und bei der weiteren eigenen Zusammenarbeit nach innen.

4.7.3 Das Perspektiven-Ereignis-Modell

Das Perspektiven-Ereignis-Modell[7] hilft aus gedanklichen Sackgassen z. B. in der strategischen Organisationsentwicklung. Entweder man überlegt, welche (Gestaltungs-)Perspektiven für gewünschte Wirklichkeiten wichtig sein sollen, und nachfolgend, welche Ereignisse dafür wie umgestaltet werden könnten. Oder

---

6 Zur »vertikalen Teamentwicklung« siehe auch Schmid und Messmer (2005, S. 95) und Schmid (2014, S. 27–30).
7 Dazu auch Schmid und Messmer (2005, S. 169–185).

man überlegt zuerst, welche Ereignisse umgestaltet werden können, und nachfolgend, welche Perspektiven dabei in welcher Priorität und Kombination berücksichtigt werden könnten.

Zu oft verfangen sich Klienten wie auch Berater dadurch, dass sie Perspektiven und Ereignisse gleichzeitig zur Disposition stellen. Dadurch gehen, bildlich gesprochen, Vermessungspunkte verloren oder werden unkontrolliert verschoben. Und ohne Bezug kann schlecht vermessen werden.

Als Ergebnis entsteht oft Verwirrung in der Abfolge von Gedanken und Arbeitsschritten, oder es werden Perspektiven und Ereignisse neu definiert, die an vorhandene Gestaltungsgesichtspunkte und Ereignisse schlecht angekoppelt werden können. Gerade in komplexen Organisationen müssen wichtige Gesichtspunkte durch viele Ereignisse verwirklicht werden, damit sie zu stabilen Größen der Organisationskultur werden. Umgekehrt müssen Ereignisse viele Gesichtspunkte möglichst integriert konkretisieren, weil sonst inflationär viele Ereignisse gebraucht und Ressourcen der Organisation überfordert werden.

Verwirrung und Inflationen bei Perspektiven und/oder Ereignissen belasten viele Organisationen. Für jede Idee wird eine neue Inszenierung geschaffen, das Unternehmen wird mit Extraveranstaltungen wie Arbeitsgruppen und Projekten so überzogen, dass sich die Mitglieder fragen, wann sie eigentlich ihrem Kerngeschäft nachgehen sollen. Perspektiven werden ungeordnet diskutiert, öffentlich gemacht, bleiben aber vage oder plakativ. Versucht man, sie zu konkretisieren, verwechselt man sie leicht wieder mit Ereignissen. Daher bewährt es sich, entweder Perspektiven ökonomisch[8] auszuwählen, an Beispielen zu konkretisieren, stabil zu halten und, davon ausgehend, über Ereignisse nachzudenken, durch die diese Gesichtspunkte (oben: »Perspektiven«) nachhaltig umgesetzt werden können; oder eben in Inszenierungen (Ereignissen) zu denken, auch sie

---

8 »Ökonomisch« meint: unter kluger Auswahl und Kombination von Ressourcen.

ökonomisch auszuwählen und zu prüfen, wie sie gestaltet werden müssen, damit Perspektiven (Gesichtspunkten) integriert zur Verwirklichung verholfen werden kann.

Dies wird durch Abbildung 15 illustriert.

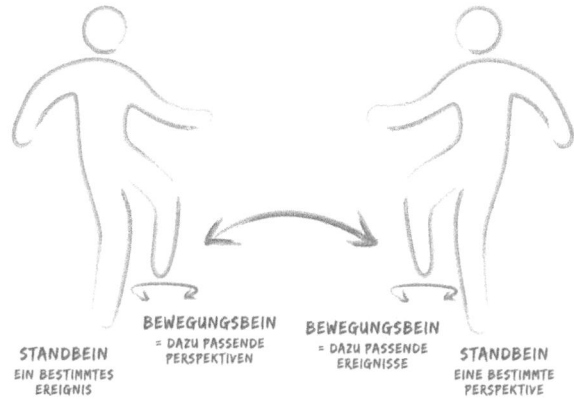

Abb. 15: Perspektiven und Ereignisse im Wechselschritt (Schmid u. Messmer 2004)

Wenn z. B. bessere Mitarbeiterorientierung gewollt ist, dann wäre zuerst zu klären, in welchen Dimensionen dies gemeint ist, und nachfolgend, welche Ereignisse dafür unter Erhalt anderer wichtiger Perspektiven umgestaltet werden könnten. Oder man überlegt, bestimmte Ereignisse wie z. B. das Mitarbeitergespräch umzugestalten, und nachfolgend, aus welchen Perspektiven dies geschehen sollte. Dafür sind oft Folgeereignisse wie z. B. Führungsschulung oder Arbeitszeitregelungen umzugestalten, bei der dann wieder dieselben Perspektiven neben anderen in die Neugestaltung dieser Ereignisse einfließen müssen.

4.7.4 Das Dilemmakonzept

Ein Dilemma oder eine Zwickmühle ist ein Bezugsrahmen einer Person oder eines größeren Systems, innerhalb dessen die Gestaltung von Wirklichkeit aufgrund falscher Definitionen, Implikationen und Verknüpfungen so konzipiert ist, dass Lösungen für ein Problem unmöglich werden.

Jeder Lösungsversuch führt entweder zu einer Unauflösbarkeit der Situation oder versündigt sich an einem wichtigen Anliegen in einer Weise, dass dieser Weg (subjektiv aus dem Bezugsrahmen der Betroffenen) nicht gegangen werden kann.

Wenn das der Fall ist, hat es keinen Sinn, innerhalb der aktuellen Lösungslogik weiterhin nach Lösungen zu suchen, denn die Unlösbarkeit liegt bereits in der Art der Fragestellung. Stattdessen müssen die Beschreibung des Problems wie auch die Versuche, das Problem zu lösen, auf darin liegende Unmöglichkeiten hin untersucht werden – und dann muss die Fragestellung bzw. die Herangehensweise verändert werden.

Das praktische Problem im Umgang mit Dilemmata besteht im Identifizieren der Dilemmadynamik. Sie zeigt sich im Prozess als eine Abfolge von meist zunächst subtilen Verhaltensweisen wie Wegschieben, Strampeln, Resignieren und Verzweifeln (s. Abb. 16).

Diese Dynamiken machen die verschiedenen Phasen des Dilemmazirkels aus.

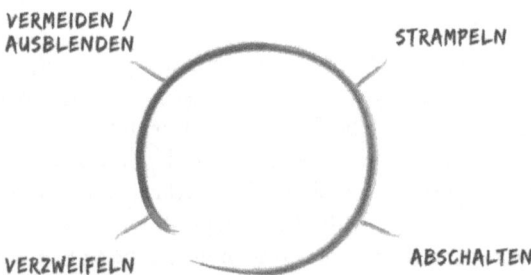

Abb. 16: Dilemmazirkel (Schmid u. Jäger 1986)

Dilemmata sind oft inhaltlich schwer zu erkennen. Und zumeist spiegelt das Dilemmaerleben des Beraters, dass primär das Klientensystem ein Dilemma erlebt. Doch kann man gerade durch diesen Einbezug des eigenen Erlebens lernen, diese typischen Dynamiken zu identifizieren, wenn man dafür offen ist. Man nennt das soziale Diagnose. Man identifiziert die eigenen Reaktionen und schließt daraus, in welche Wirklichkeitslogik man einbezogen wird. Man muss dazu eigene Ausblendungen aufheben und sicherstellen, dass es nicht die eigenen Dilemmata sind, mit denen man das Klientensystem infiziert. Bei der näheren Beschreibung und logischen Ordnung von Dilemmatypen haben sich Varga von Kibéd und Sparrer verdient gemacht (Varga von Kibéd u. Sparrer 2005).

Die Neigung zu Dilemmata lässt sich nicht unbedingt biografisch herleiten. Dilemmata können jederzeit durch die Adoption von Prämissen entstehen, aus denen heraus Lösungen unmöglich werden. Auch Komplexität, für die es keine angemessenen Umgangsweisen gibt, kann zunehmend Dilemmadynamiken hervorrufen. In Organisationen sind es z. B. die Überlagerungen von mehreren Inszenierungsanforderungen, von unterschiedlichen Logiken, Verantwortlichkeiten, Zeit- und Rhythmusbedarfen, Abläufen und Rollenverteilungen. »Dilemmainszenierungen« versuchen auf derselben Bühne zur gleichen Zeit eine Inszenierung nach unverträglichen Gesichtspunkten zu gestalten. Oder es soll mit denselben Ressourcen unintegrierbar Verschiedenes gleichzeitig inszeniert werden.

Beim hier vertretenen Dilemmaansatz werden unabhängig von der logischen Einordnung des Problems Dynamiken des Erlebens und Verhaltens als Dilemmazirkel beschrieben (Schmid u. Varga von Kibéd 2005). Es geht um die emotionalen und verhaltensmäßigen Komponenten eines Dilemmas. Die Stationen des Dilemmazirkels sind nicht als Phasen zu verstehen, sondern als verschiedene Zustände, zwischen denen man in unterschiedlichen Reihenfolgen wechseln kann:

Eine Dynamik ist das Vermeiden. Wenn jemand (beispielsweise in der Beziehung zum anderen Geschlecht) regelmäßig in Dilemmata gerät, versucht er einfach über längere Zeit, solche Dilemmasituationen und Beziehungen zu meiden. Jedoch lassen sich elementare Entwicklungs- oder Lebensanliegen nicht auf Dauer vermeiden. Wird man mit der Sache wieder konfrontiert, gerät man meist in die zweite Dynamik.

Beim Strampeln sucht man zunächst lange, einer Lösungsidee zu folgen, oder probiert immer neue Ansätze, doch bleibt das Gefühl, sich zu verausgaben, ohne einer Lösung des Problems wirklich näher zu kommen. Aber Aufgeben kommt nicht infrage, denn das fühlt sich noch schlimmer an.

In der dritten Dynamik gibt man Lösungsversuche zumindest vorübergehend auf, entzieht sich dem Strampeln, ohne dass man sich wirklich erholt oder dass sich die Verstrickung löst. Diese dritte Dynamik kann man Resignieren nennen.

Will man das Problem wieder angehen, ohne etwas an der Logik geändert zu haben, gerät man erneut ins Strampeln.

Bleiben Menschen innerhalb der Dilemmalogik, wechseln sie zwischen Vermeiden, Strampeln und Resignieren hin und her. Sie kämpfen intensiv und sind danach erschöpft, tun eine Weile nichts, um das Problem anzugehen, ohne aber eine neue Haltung zu ihrem Problem zu finden.

Die vierte Dynamik im Dilemmazirkel ist die unangenehmste, aber fruchtbarste, das ist das Verzweifeln. Verzweifeln ist eine natürliche Reaktion, wenn eine Situation als ausweglos erlebt wird. Verzweiflung kann vom dumpfen Gefühl »Egal, was ich versuche, es kommt nicht gut raus!« bis hin zur heftigen Emotion reichen.

Verzweiflung ist ein Indikator, der auf eine Unlösbarkeit hinweist. Gerade aber wegen der gewähnten Unlösbarkeit wird die Verzweiflung ausgeblendet. Dann kann man sie allerdings auch nicht als Kompetenzerweiterungs- und Erkenntnismöglichkeit nutzen. Zuversicht, dass man einerseits die Unlösbarkeit erkennen und aufgeben darf, dass darin aber auch eine Chance liegt, die Sache neu zu konzipieren und eine Lösbarkeit zu erzeugen, fehlt. Viele meiden an dieser Stelle diese für die Steuerung der Situation richtige Emotion und gehen stattdessen wieder ins Strampeln.

Der Umgang mit Dilemmata ist an anderer Stelle ausführlich dargestellt (Schmid u. Varga von Kibéd 2005). Hier seien nur plakativ einige hilfreiche Haltungen genannt:

- Verzweiflung annehmen
- in Beziehung bleiben
- Distanz gewinnen
- Prämissen infrage stellen
- möglichen Verlust akzeptieren
- örtlich und zeitlich entzerren
- zum Wesentlichen und zum menschlichen Maß zurückfinden.

Ein Dilemma kommt selten allein! Meist stellen sich auf vielen Ebenen gleichzeitig Dilemmata ein, und Haltungen erscheinen paradox. Es ist manchmal deshalb schwierig, mit einem Dilemma zu arbeiten, weil man es inhaltlich nicht klar identifizieren kann. Dennoch muss man z. B. als Berater selbst loslassen, Gefühle der Verzweiflung ansprechen, ohne Lösungen zu haben, für Zuversicht offen sein, ohne zu bekannten Lösungsversuchen Zuflucht zu nehmen, und dies alles muss man sich und dem Klienten vorwurfsfrei zumuten. Dieses Vorbild des Beraters kann dem Klienten helfen, trotz Not loszulassen, damit neue Perspektiven möglich werden. Hierbei können Metaphern sehr hilfreich sein. Gelingt es schließlich, ein Dilemma aufzulösen, kann es oft auch nachträglich nicht sicher geortet werden, weil die Klienten das Interesse an weiterer Klärung verlieren. Sie sind froh, dass der »Albtraum« vorbei ist.

5 Mehr Prinzipielles

5.1 *Zum Thema System*

In diesem Abschnitt werden »System« und »systemisch« und verschiedene Verständnisse von System unterschieden (vgl. zum Folgenden Schmid et al. 2014). Hierzu ist eine Metabetrachtung, die den Betrachter ins Bild holt, notwendig. Menschliche Systeme verbinden für Organisations- und Kulturentwicklung Struktur- und Prozessbetrachtungen mit sinnbegabten Subjekten und handelnden Menschen.[9]

5.1.1 »Systemisch« und Definitionen von Systemen

»System« klingt zunächst wie ein Ding, während »systemisch« eine Betrachtungs- oder Herangehensweise markiert. Beides verschränkt sich aber. System ist kein Ding an sich, sondern ein Ding aus der Sicht eines Betrachters. Ein Unternehmen ist für den Kaufmann etwas anderes als für den Architekten, den Personaler oder die örtlichen Verkehrsbetriebe. Systembeschreibung ist eine Beobachterkategorie, deren Zweckmäßigkeit sich durch das bestimmt, was der Beobachter daraus ableiten will. Wie viele andere ist ein Organisationsentwickler nicht nur Betrachter, sondern auch Akteur in der einen oder anderen Funktion. Seine Beschreibungen eines Unternehmens als System leiten sich bewusst oder unbewusst davon ab, wie er sich mithilfe der dabei zu erstellenden Landkarte bewegen will.

Wer z. B. ein Unternehmen als technisches Gebilde beschreibt, tut dies, um in dieser Dimension zu einer Beurteilung zu gelangen und tätig zu werden. Wenn Wirklichkeitsbegegnungen

---

9 Ausführungen zu generischen Prinzipien und zu den Entwicklungsphasen in Krisen finden sich im Online-Material als »Ergänzung Nr. 1« unter: http://www.carl-auer.de/machbar/einfuehrung_in_die_systemischen_steuerungskonzepte.

von Professionen oder unterschiedlichen Funktionen im Unternehmen betrachtet und gestaltet werden sollen, ist es sinnvoll, Unternehmen als Ort der Begegnung von Weltbildern und Steuerungslogiken, von Rollen- und Verantwortungsvorstellungen zu beschreiben.

Von daher ist Systembeschreibung immer auch Selbstbeschreibung des Beobachtenden, seiner Erkenntnisprämissen und -interessen.[10]

5.2 Definitionen und kernprägnante Beschreibungen

Nach einem linguistischen Konzept des Kulturwissenschaftlers George Steiner (2002) sind randscharfe Definitionen solche, die sich mit Abgrenzungen beschäftigen. Will man z. B. »Beratung« so definieren, dass sie von »Therapie«, »Training« oder »OE« eindeutig abgrenzbar ist, muss man genau klären, was noch zu Beratung gehört, aber nicht zu einer der anderen Kategorien. Solche randscharfen Definitionen mögen zu bestimmten wissenschaftlichen Zwecken sinnvoll sein.

Für Kulturbeschreibungen führen sie zu unproduktiven Abgrenzungsdiskussionen. Für pragmatische und schöpferische Überlegungen sind kernprägnante Beschreibungen geeigneter. Schon der Begriff »Definition« eignet sich eigentlich auch nicht, weil er wörtlich »Grenzbestimmung« meint. Hier geht es aber um Wesensbestimmung, und die ist immer vielschichtig. Kernprägnante Beschreibungen geben zu verstehen, was im Wesentlichen gemeint ist. Auch stört nicht, wenn dasselbe auch im Bereich anderer Begriffe vorkommt, weil es doch in einen anderen Kontext eingebettet ist. Derselbe Hammer in der Hand eines Schusters wäre doch anders als in der Hand des Chirurgen. Die Kategorien dürfen sich also in vielfältiger Weise überlagern, solange sie von ihrem Kern her deutlich bleiben. Ein und dieselbe Sache (z. B.

---

10 Ausführungen zur Unterscheidung von System und Umwelt und zu den unterschiedlichen Arten von Systembeschreibungen finden sich im Online-Material als »Ergänzung Nr. 2« unter: http://www.carl-auer.de/machbar/einfuehrung_in_die_systemischen_steuerungskonzepte.

»Übertragung« oder die »Arbeit mit Gesunden«) kann in Therapie, Beratung, OE oder Training vorkommen, wird aber jeweils aus einer anderen Hauptperspektive betrachtet. Was Therapie, Beratung etc. ist, wird nicht durch Abgrenzung, sondern durch Illustration des Wesentlichen verständlich gemacht.

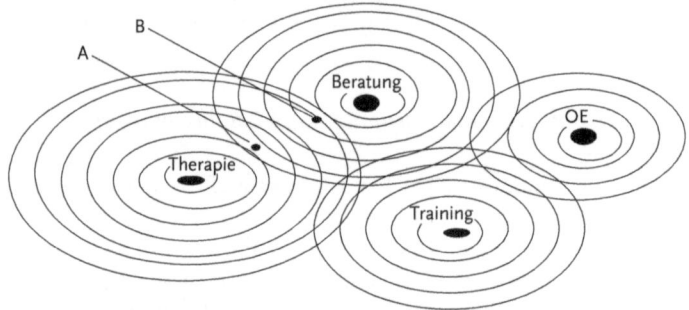

Abb. 17: Topografische Darstellung sich überlappender kernprägnanter Definitionen (Beispiel)
(A = »Übertragung«, B = »Arbeit mit Gesunden«)

Wir arbeiten in diesem Buch mit kernprägnanten Beschreibungen und setzen so die verschiedenen Betrachtungsperspektiven nebeneinander, ohne ihr Verhältnis zueinander zu klären oder daraus ein konsistentes System zu machen. Bildlich gesprochen, handelt es sich bei solchen Konzepten um pragmatisch aufgehängte und beliebig anschaltbare Scheinwerfer.

5.3 Systemische Steuerungsperspektiven und Metaprofessionalität

Es ist nicht der Anspruch dieses Buches, in systemische Welten und Sprachen allgemein einzuführen. Dafür gibt es systemische Praxisweiterbildungen und Lehrbücher (Klein u. Kannicht 2011; von Schlippe u. Schweitzer 1996). In speziellen »Sprachkursen« lernt man die Sprache »Systemisch«, meist in Bezug auf bestimmte berufliche Welten und Lebensarten. Wir haben eher einige spezielle Beschreibungen von und Zusammenhänge zwischen den verschiedenen Steuerungsebenen angeboten. Sie dienen als mögliche Perspektiven und Weisen des Herangehens an Wirklichkeit anhand von Beispielen aus dem Bereich Therapie, Coaching und Beratung, auch im Bereich Organisationen.

Es wurden Metakonzepte und Perspektiven dargestellt, mit denen man die Wahl von Steuerprogrammen für die Praxis in bestimmten Wirklichkeitsfeldern auf Stimmigkeit prüfen kann. Solche Kompetenzen sind dann gefragt, wenn man nicht nur in Konzepte und Methoden neuer Schulen für bestimmte Felder und somit in alternative Gewohnheiten überwechseln will, sondern eine über konventionelle Professionalität hinausgehende Metaprofessionalität erwerben möchte. Dann kann man immer neue Konzepte und Methoden zu sich wandelnden Feldern selbst entwickeln.

5.4 Steuerung erzeugt Wirklichkeit

Sprachen erzeugen Wirklichkeitszugänge, und Sprechen, Konzepte und Methoden erzeugen Wirklichkeiten. Werden sie zu Gemeinschaftswirklichkeiten und zu Selbstverständlichkeiten, schafft dies vertraute Plausibilität. Dabei kann leicht vergessen werden, dass es sich um Auswahlen handelt und andere Wahlen möglich wären. Konzepte und Methoden auf der Ebene des zweiten Schwans (s. Abschn. 4.2) bestimmen Erleben und Verhalten auf der Ebene des ersten Schwanes mit. Sie bestimmen daher nicht nur, wie wir mit Wirklichkeit umgehen, sondern erzeugen sie auch. Bei anderen Konzepten und Methoden können Wirklichkeiten ganz anders und genauso plausibel sein. Aus der Sicht des dritten Schwanes denkt man über diese Zusammenhänge nach, um Sprachen und ihre Regeln, um Konzepte und Methoden bewusst zu wählen, über die wir unser Sprechen, unsere Praxis steuern. Die Wahl anderer Sprachen, auch wenn noch unbeholfen gesprochen, die Wahl anderer Konzepte und Methoden, auch wenn noch unvollkommen beherrscht, kann für das Erzeugen anderer Wirklichkeiten viel fruchtbarer sein als die Perfektionierung des Gewohnten. Auf jeden Fall werden gelernte Selbstverständlichkeiten wieder zu offenen Fragen und Gestaltungsmöglichkeiten, mit denen experimentiert werden kann.

Literatur

Balint, M. (2001): Der Arzt, sein Patient und die Krankheit. Stuttgart (Klett-Cotta).

Bents, R. u. R. Blank (1995): Typisch Mensch – Einführung in die Typentheorie. Göttingen (Beltz Test).

Berne, E. (1961): Transactional analysis in psychotherapy: A systematic individual and social psychiatry. New York (Grove).

Berne, E. (1986): Was sagen Sie, nachdem Sie »Guten Tag« gesagt haben? Frankfurt a. M. (Fischer).

Boszormenyi-Nagy, I. u. G. M. Spark (2013): Unsichtbare Bindungen: Die Dynamik familiärer Systeme. Stuttgart (Klett-Cotta).

Briggs Myers, I. a. P. Briggs Myers (1980): Gifts differing: Understanding personality type. Mountain View, CA (Davies-Black), repr. 1995.

Cecchin, G. (1988): Zum gegenwärtigen Stand von Hypothetisieren, Zirkularität und Neutralität – Eine Einladung zur Neugier. *Familiendynamik* 13 (3): 190–203.

Cecchin, G., G. Lane u. W. A. Ray (2010): Respektlosigkeit: Provokative Strategien für Therapeuten. Heidelberg (Carl-Auer), 5. Aufl.

de Shazer, S. (1989): Wege der erfolgreichen Kurztherapie. Stuttgart (Klett-Cotta), 11. Aufl. 2012.

Haken, H. (1982): Synergetik. Berlin/Heidelberg/New York (Springer)

Haken, H. u. G. Schiepek (2010): Synergetik in der Psychologie. Selbstorganisation verstehen und gestalten. Göttingen (Hogrefe).

Kannicht, A. (2012): Problem-Lösungs-Zirkel. In: J. V. Wirth u. H. Kleve (Hrsg.): Lexikon des systemischen Arbeitens. Grundbegriffe der systemischen Praxis, Methodik und Theorie. Heidelberg (Carl-Auer), S. 315–321.

Klein, R. u. A. Kannicht (2011): Einführung in die Praxis der systemischen Therapie und Beratung. Heidelberg (Carl-Auer), 3. Aufl.

Kruse, P. (1996): Die Gestaltung von Veränderungsprozessen in Unternehmen und Institutionen: Kurzzeittherapeutische Interventionen und systemtheoretische Grundlagen. In: W. Eberling u. J.

Hargens (Hrsg.): Einfach kurz und gut. Zur Praxis der lösungs-orientierten Kurztherapie. Dortmund (Verlag Modernes Lernen), S. 201–223.

Kruse, P. (2011): next practice. Erfolgreiches Management von In-stabilität. Veränderung durch Vernetzung. Offenbach am Main (GABAL).

Ludewig, Kurt (2002): Leitmotive systemischer Therapie. Stuttgart (Klett-Cotta).

McGoldrick, M., R. Gerson u. S. Petry (1990): Genogramme in der Familienberatung. Bern (Huber), 3. Aufl. 2009.

Rüegg-Stürm, J. u. T. Bieger (2012): Unternehmerisches Management – Herausforderungen und Perspektiven: Festschrift für Prof. Peter Gomez. Bern (Haupt).

Rump, J., F. Schnabel u. S. Grabmeier (Hrsg.) (2010): Auf dem Weg in die Organisation 2.0 – Mut zur Unsicherheit. Sternfels (Wis-senschaft und Praxis).

Schlippe, A. von u. J. Schweitzer (1996): Lehrbuch der systemischen Therapie und Beratung I: Das Grundlagenwissen. Göttingen (Van-denhoeck & Ruprecht), 2., überarb. Aufl. 2012.

Schmid, B. (1990): Persönlichkeits-Coaching – Beratung für die Person in ihrer Organisations-, Berufs- und Privatwelt. *Hernstei-ner* 1: 12–15.

Schmid, B. (1992): Wirklichkeitsverständnis und die Steuerung professionellen Handelns in der Organisationsberatung. In: C. Schmitz, P.-W. Gester u. B. Heitger (Hrsg.): Managerie 1 – Syste-misches Denken und Handeln im Management. Heidelberg (Carl-Auer), S. 116–128.

Schmid, B. (1995): Psychologische Schulen: C. G. Jung. Teil 1 + 2. [Audiodokument.]: Teil 1 verfügbar unter: http://www.system-ische-professionalitaet.de/isbweb/component/option,com_doc-man/task,doc_download/gid,1325/ [21.11.2014]; Teil 2 verfüg-bar unter: http://www.systemische-professionalitaet.de/isbweb/component/option,com_docman/task,doc_download/gid,1326/ [22.11.2014].

Schmid, B. (1998): Arbeit mit geleiteten Fantasien und Trance. In: B. Schmid (2004a): Systemisches Coaching: Konzepte und Vorge-hensweisen in der Persönlichkeitsberatung. Bergisch Gladbach (EHP – Edition Humanistische Psychologie), S. 123–129.

Schmid, B. (2002): Wirklichkeitsstile. Audio eines Seminarreferats. Verfügbar unter: http://www.systemische-professionalitaet.de/isbweb/component/option,com_docman/task,doc_download/gid,680/ [21.11.2014].

Schmid, B. (2003): Systemische Professionalität und Transaktionsanalyse. Bergisch Gladbach (EHP – Edition Humanistische Psychologie).

Schmid, B. (2004a): Systemisches Coaching: Konzepte und Vorgehensweisen in der Persönlichkeitsberatung. Bergisch Gladbach (EHP – Edition Humanistische Psychologie).

Schmid, B. (2004b): Sinn stiftende Hintergrundbilder professioneller Szenen. In: C. Rauen (Hrsg.): Coaching-Tools. Erfolgreiche Coaches präsentieren 60 Interventionstechniken aus ihrer Coaching-Praxis. Bonn (managerSeminare), S. 108–112.

Schmid, B. (2004c): Der Einsatz der Theatermetapher in der Praxis. *LO – Lernende Organisation. Zeitschrift für systemisches Management und Organisation* 18 (März/April): 56–63.

Schmid, B. (2005): Sinnstiftende Hintergrundbilder und die Theatermetapher im Coaching. (Vortrag anlässlich des Symposions des Milton-Erickson-Instituts Heidelberg »Die Kraft innerer Bilder und Visionen« vom 30.09. bis 01.10.2005.)

Verfüfbar unter: http://www.systemische-professionalitaet.de/isbweb/component/option,com_docman/task,doc_download/gid,557/ [22.11.2014].

Schmid, B. (2006): Passungsdialog anhand innerer Bilder – Ein Tool für Berater und Coachs. In: A. Rohm (Hrsg.): Change-Tools. Bonn (managerSeminare), S. 83–94.

Schmid, B. (2007a): Milieu – ein oft wenig beachteter Faktor im Coaching. *OSC – Organisationsentwicklung Supervision Coaching* 10 (1): 25–35.

Schmid, B. (2007b): Entwicklungs-Geschichten-Erzählen. In: C. Rauen (Hrsg.): Coaching-Tools II. Erfolgreiche Coaches präsentieren Interventionstechniken aus ihrer Coaching-Praxis. Bonn (managerSeminare), S. 238–244.

Schmid, B. (2008): Intensitätsverstärker – Intensitätsverminderer. (Videoclip aus dem Gesamtvideo »Systemische Professionalität«, ein dreitägiges Seminar in Bad Homburg 2008.) Müllheim, Baden (Auditorium Netzwerk). Verfügbar unter: http://www.

systemische-professionalitaet.de/isbweb/content/view/398/384/
[19.10.2014].

Schmid, B. (2011): Diversität und Milieu-Perspektive. *perspektive: blau* – ein Online-Wirtschaftsmagazin 04. Verfügbar unter: http:// www.perspektive-blau.de/artikel/1104a/1104a.htm [19.10.2014].

Schmid, B. (Hrsg.) (2014): Systemische Organisationsentwicklung. Change und Organisationskultur gemeinsam gestalten. Stuttgart (Schaeffer-Poeschel).

Schmid, B. u. S. Caspari (1998): Ebenen der Wirklichkeitsbegegnung. Studienschrift des isb-Wiesloch. Verfügbar über: http://www. systemische-professionalitaet.de/isbweb/component/option,com_ docman/task,doc_download/gid,431/ [02.12.2014].

Schmid, B. u. C. Gérard (2008): Intuition und Professionalität. Systemische Transaktionsanalyse in Beratung und Therapie. Heidelberg (Carl-Auer).

Schmid, B. u. A. Günter (2012): Systemische Traumarbeit – der schöpferische Dialog anhand von Träumen. Göttingen (Vandenhoeck & Ruprecht).

Schmid, B. u. K. Jäger (1986): Zwickmühlen. Oder: Wege aus dem Dilemma-Zirkel. *Zeitschrift für Transaktionsanalyse* 3 (1): 5–16.

Schmid, B. u. W. Jokisch (1998): Ich-Du und Ich-Es Typen. (Studienschrift des isb-Wiesloch.) Verfügbar unter: http://www.systemi sche-professionalitaet.de/isbweb/component/option,com_docman/ task,doc_download/gid,435/[22.11.2014].

Schmid, B. u. A. Messmer (2003a): Perspektiven der Teamentwicklung. In: B. Schmidu. A. Messmer (Hrsg.): Systemische Personal-, Organisations- und Kulturentwicklung. Bergisch Gladbach (EHP – Edition Humanistische Psychologie), S. 93–108.

Schmid, B. u. A. Messmer (2003b): Metaperspektiven und Arbeitsformen der Teamentwicklung. In: B. Schmid u. A. Messmer (Hrsg.): Systemische Personal-, Organisations- und Kulturentwicklung. Bergisch Gladbach (EHP – Edition Humanistische Psychologie), S. 110–118.

Schmid, B. u. A. Messmer (2003c): Fünf Perspektiven von Systemlösungen im Bereich OE/PE. In: B. Schmid u. A. Messmer (Hrsg.): Systemische Personal-, Organisations- und Kulturentwicklung. Bergisch Gladbach (EHP – Edition Humanistische Psychologie), S. 81–92.

Schmid, B. u. A. Messmer (Hrsg.) (2005): Systemische Personal-, Organisations- und Kulturentwicklung. Bergisch Gladbach (EHP – Edition Humanistische Psychologie).

Schmid, B. u. S. Meyer (2010): Organisation 2.0 – Plädoyer für eine durch Kultur gesteuerte Organisation. In: J. F. Rump, F. Schnabel u. S. Grabmeier (Hrsg.): Auf dem Weg in die Organisation 2.0 – Mut zur Unsicherheit. Sternfels (Wissenschaft und Praxis), S. 38–52.

Schmid, B. u. M. Varga von Kibéd (2005): Mit Dilemmata einfach umgehen. *LO – Lernende Organisation. Zeitschrift für systemisches Management und Organisation* 26 (Juli/August): 52–57.

Schmid, B. u. K. Wengel (2001): Die Theatermetapher: Perspektiven für Coaching und Personalentwicklung. *Profile – Internationale Zeitschrift für Veränderung, Lernen, Dialog* 1: 81–90.

Schmid, B. et al. (2014) (Hrsg.) (2014): Systemische Organisationsentwicklung. Change und Organisationskultur gemeinsam gestalten. Stuttgart (Schäffer-Poeschel).

Schulz von Thun, F. (2010a): Miteinander reden 1: Störungen und Klärungen. Allgemeine Psychologie der Kommunikation. Reinbek bei Hamburg (Rowohlt).

Schulz von Thun, F. (2010b): Miteinander reden 2: Stile, Werte und Persönlichkeitsentwicklung. Differentielle Psychologie der Kommunikation. Reinbek bei Hamburg (Rowohlt).

Selvini Palazzoli, M., L. Boscolo, G. Cecchin u. G. Prata (1977): Paradoxon und Gegenparadoxon. Ein neues Therapiemodell für die Familie mit schizophrener Störung. Stuttgart (Klett-Cotta), 12. Aufl. 2011.

Steiner, G. (2002): Errata: Bilanz eines Lebens. München (DTV).

Stierlin, H. (1978): Delegation und Familie. Frankfurt a. M. (Suhrkamp), 5. Aufl. 2001.

Varga von Kibéd, M. u. I. Sparrer (2005): Ganz im Gegenteil. Tetralemmaarbeit und andere Grundformen Systemischer Strukturaufstellungen – für Querdenker und solche, die es werden wollen. Heidelberg (Carl-Auer), 8. Aufl. 2014.

Watzlawick, P., J. H. Beavin und D. D. Jackson (1969): Menschliche Kommunikation: Formen, Störungen, Paradoxien. Bern (Huber), 12. Aufl. 2011.

Weber, G. (1993): Zweierlei Glück. Das Familienstellen Bert Hellingers. Heidelberg (Carl-Auer), 17. Aufl. 2013.

Weiss, T. (1988): Familientherapie ohne Familie. Kurztherapie mit Einzelpatienten. München (Piper). München (Kösel), 6. Aufl. 2008.

Über die Autoren

Andreas Kannicht, Dr. phil., Dipl.-Päd., Kinder- und Jugendlichenpsychotherapeut, Lehrtherapeut, Lehrsupervisor und Lehrender Coach (SG). Lehrtrainer am isb-Wiesloch, Ausbilder am Wieslocher Institut für systemische Lösungen und bei der Saarländischen Gesellschaft für systemische Therapie. Langjährige Forschungs- und Leitungstätigkeit; seit 2001 selbstständig in Neustadt/Weinstraße als Teamentwickler und Coach. Gründer und Inhaber des Praxis- und Seminarhauses »akasa« in Neustadt. Veröffentlichungen zu systemischen Themen, darunter *Einführung in die Praxis der systemischen Therapie und Beratung* (zus. mit Rudolf Klein, 4. Aufl. 2020).
    Kontakt: www.system-beratung.net

Bernd Schmid, Dr. phil., Studium der Wirtschaftswissenschaften, Erziehungswissenschaften und Psychologie; Leitfigur der isb-GmbH, Wiesloch (seit 1984, www.isb-w.de) und des isb-Professionellen-Netzwerkes; internationaler Referent, Lern- und Professionskulturentwickler, Unternehmer und Gründer von Initiativen und Verbänden.

Bernd Schmid ist u. a. Ehrenmitglied der Systemischen Gesellschaft und Ehrenvorsitzender im Präsidium des Deutschen Bundesverbands Coaching; Preisträger des Eric Berne Memorial Award 2007 der International Transactional Analysis Association (ITAA) sowie des Wissenschaftspreises 1988 der European Association for Transactional Analysis (EATA); Life Achievement Award 2014 der Petersberger Trainertage. Zahlreiche Veröffentlichungen, darunter *Intuition und Professionalität. Systemische Transaktionsanalyse in Beratung und Therapie* (2008, zus. mit Christiane Gérard), Essays zu persönlichen und professionellen Themen (www.blog.bernd-schmid.com).

Kontakt: www.systemische-professionalitaet.de

E. Noni Höfner | Charlotte Cordes

Einführung in
den Provokativen Ansatz

126 Seiten, Kt, 2018
ISBN 978-3-8497-0246-5

Frank Farrellys Provokative Therapie hat sich in den vergangenen Jahr-
zehnten zu einem Ansatz weiterentwickelt, der sich in fast alle Beratungs-
und Therapieformen integrieren lässt. Er bereichert neben der Arbeit
von Psychotherapeut:innen und Ärzt:innen auch die anderer helfender
Berufe und professioneller Kommunikatoren wie Trainer:innen, Coachs,
Mediator:innen und Lehrkräfte. Diese Einführung vermittelt neben den
Grundlagen des Ansatzes auch seine Bezüge zu Verhaltenstherapie, systemischer Therapie und Hypnotherapie.

Noni Höfner und Charlotte Cordes beschreiben typische Werkzeuge und
ihren Einsatz im konkreten Beratungsprozess: Klient:innen imitieren, Vor-
und Nachteile auf den Kopf stellen, Differenzierungen provozieren u. v. a.
Auch auf Kontraindikationen wird eingegangen: Wann darf man provokativ
werden und wann nicht? Den Abschluss bilden zwei Transkripte aus The-
rapiesitzungen mit Frank Farrelly sowie zwei weitere aus Coaching- bzw.
Supervisionssitzungen der Autorinnen.

 Carl-Auer Verlag • www.carl-auer.de

Astrid Keweloh

Einführung in
das Lebensflussmodell

125 Seiten, Kt, 2018
ISBN 978-3-8497-0245-8

Das Lebensflussmodell ist eine hypnosystemische Visualisierungstechnik für Therapeut:innen, Berater:innen und Coachs, mit der sich die Lebens- und Entwicklungsgeschichte von Klient:innen lebendig und kreativ abbilden lässt. Als ressourcenorientierte Methode ist es hervorragend geeignet, um Krisen mittels Regression und Progression aus anderen Perspektiven wahrzunehmen und den Blick auf neue Lösungswege zu lenken. Im Kern handelt es sich um eine vielseitige und leicht erlernbare Trance-Methode. Sie eignet sich für fast alle Problembereiche, Altersstufen und Bildungsschichten und kann in jedem Setting eingesetzt werden, seien es Einzelpersonen (Kinder, Jugendliche und Erwachsene), Paare, Familien, Gruppen oder Teams.

Diese strukturierte Einführung vermittelt Grundlagen, Einsatzmöglichkeiten und die praktische Anwendung der Timeline-Technik. Übersichtliche Abbildungen und Fotos, Fallbeispiele und die Möglichkeit zur Selbsterfahrung illustrieren die gut verständlichen Erklärungen. Klare Anleitungen und Trancetexte erleichtern den Transfer in den Praxisalltag.

 Carl-Auer Verlag • www.carl-auer.de